你若寻她 她在岁月最浓处

灵魂有香气的民国暖女子

赵东凌／著

石油工業出版社

图书在版编目（CIP）数据

你若寻她，她在岁月最浓处：灵魂有香气的民国暖女子／赵东凌著. —北京：石油工业出版社，2015.10

ISBN 978－7－5183－0810－1

Ⅰ. 你…　Ⅱ. 赵…　Ⅲ. 女性－名人－生平事迹－中国－民国　Ⅳ. K828.5

中国版本图书馆CIP数据核字（2015）第156857号

你若寻她，她在岁月最浓处：灵魂有香气的民国暖女子

赵东凌　著

出版发行：石油工业出版社
（北京安定门外安华里2区1号楼　100011）
网　　址：http://www. petropub. com
编 辑 部：（010）64523607　图书营销中心：（010）64523633
经　　销：全国新华书店
印　　刷：北京晨旭印刷厂

2016年1月第1版　2016年1月第1次印刷
880×1230毫米　开本：1/32　印张：9.5
字数：240千字

定价：34.00元

序言 再回首，那真名士年代

古代士气，饱满民风，“是真名士自风流”，在民国是世相常态。

民国是丰富的，是古典神韵与潮流元素碰撞激烈的文化景观，与传统开放接续，与世界包容融会；民国又是独特的，政要、商人、教授、文员、工农都各有样子，风采最是鲜明。

民国的“士人们”待人文明而规矩，方圆自定，却也张扬不羁，一身傲骨。行动的时候，纵然受着唾沫星子、受着拷打，膝下仍有正气；说话的时候，掷地有声，凛然有自尊——假话、奉承话、违心之言，都是他们无论如何学不来的。

章太炎、梁启超、胡适、蔡元培、陈寅恪……如斯风流恐怕难以再现。他们个个是人物，博闻、广识、聪明、勤勉，这样的形容放在他们身上倒显得轻薄、失了分量，唯有“承担、独立、自由、创造”与他们相称，与其生活伦理相合。他们对自己有要求，独自个儿顶天立地，天生的“三军可夺帅，匹夫不可夺志”的气节与风骨。

“云山苍苍，江水泱泱，先生之风，山高水长。”民国大师敢作敢为，热血、豪情、胆气拧成一股劲儿，各色人等身上无处不透着坦然、率真；他们铁肩担道义，世事多舛而情怀不减、信念不衰，成为我们民族记忆中最温热的一部分。

鲜活的例证当然举不胜举，西南联大时期尤为传奇。傅斯年赤心创建中央研究院史语所，视原则、规程几乎超过了生命；陶云逵冒着被敌人炸死的危险跑遍云南全省，调查少数民族社会经济、语言分布、宗教信仰、地理环境，创办边疆人文研究室和《边疆人文》杂志；梅贻琦在风雨飘摇之秋，一身坚毅果敢不改，以真君子的姿态当了清华十七年的船长……林语堂就有经典之论：联大师生物质上不得了，精神上了不得。

一路颠沛流离，历尽艰辛，家国却是心头之首要责任，稍稍安稳了，随身箱子里的长衫西装抖出来，穿上了又是一往如常的姿态——正直的尊严、斯文的气象，即刻就恢复了，一点看不出怨恨愁惨。学养上的至臻追求，人格上的崇高境界，在大师们身上淋漓尽致地表现了出来，叫后来者得以触摸到当时知识分子背后那一根瘦弱却坚硬的脊梁。

民国一度是中国文人思想最自由的时期之一，人们身上的枷锁卸下了，国学功底深厚的人出国留学，真正做到了中西结合。正是陈寅恪先生强调的“独立之精神，自由之思想”，孕育了民国时期真正的大师。

巾帼不让须眉，民国的女子也是有烈性的。

吕碧城清醒而自持：“生平称心的男子不多，梁启超早有妻室，汪精卫太年轻……我要的不是资产和门第，而在于文学上的地位。因此难得合适的，东不成，西不就，有失机缘。幸而手边略有积蓄，不愁衣食，只以文学自娱了！”

张幼仪坚硬而能干：“我生在变动的时代，所以我有两副面孔，一副听从旧言论，一副聆听新言论。我的内在有一部分停留在东方，另一部分眺望着西方。我具备女性的气质，也拥有男性的气概。”

胡蝶能屈亦能伸，潘玉良“质本洁来还洁去”，而林徽因依然是人间的四月天……她们个个都活出了独特而丰盛的人生。

翻翻民国老照片，黑白的底子况味十足，陈旧却毫无沧桑之感，反令人眼前一亮。那一本正经的天真淳朴，至难模仿，也难以传承下来。阮玲玉、周璇的娇嗔与柔弱，带着天然的性情，率真得可爱，绝无矫揉造作之嫌；而梁思成和林徽因夫妇，带着暂时解散的中国营造学社的使命，跟随中央研究院史语所南下，在李庄安营扎寨，继续艰苦地考察与研究，留下了丰富的照片、实测草图、数据以及翔实的文字记录，林徽因即使肺病缠身也不失精神，将资料整理工作鼎力承担，梁思成是她最好的伴侣和搭档，乐观豁达，“维持着在任何情况下都像贵族一样的高贵和斯文”，如此信念和意志，岂不可敬可叹！

民国男女的婚恋聚散，亦是一道道风景。登报发启事，实为寻常，以社会主人翁自居，没有丝毫畏怯或扭捏。徐志摩与陆小曼的飞蛾扑火、情话痴缠或许是世人最为熟悉的，就连平素“横眉冷对千夫指”的鲁迅先生，在许广平面前也得“缴械投降”，末了还会带一句：“广平兄，我是你的小白象呀！”

西装小脚的软硬搭配，老少登对的天作之合，甜酒苦酒的推杯换盏，跨国联姻的相濡以沫……历史的枝头满园春色，尽在这最后的古典与最先的摩登之间。

唯其短暂，这才可观。不管是大气磅礴的好男儿，还是盈盈秋水般的好女子，逢了民国时代，该是怎样的命运，怎样的幸运?

1990年8月，“一代宗师”钱穆驾鹤西去，台北公寓里，思想的火花凝成了史学的标本；2009年7月，季羡林也在北京仙逝。当年那支学贯中西、叱咤风云的大人物队伍大都远去了，任抗战的烽火与内战的硝烟在历史舞台上纷扰，任政治斗争的阴谋与文化峥嵘的活力在岁月航道间此消彼长，无论大陆还是台湾，他们都是静寂了的，而后来人，除了缅怀，只能追随。

鲁迅说：“无穷的远方，无数的人们，都和我有关。”所谓“心事浩茫连广宇，于无声处听惊雷”，当下中国，不是“大师远去，再无大师”，而是“大师远去，暂无大师”吧！

前言 闻香识女人

时代的窠臼里，唯民国社会中西风交织尤甚，最为独特；历史的河流中，独民国女子融传统与时尚于一体，最是翘楚。

她们是穿着旗袍和高跟鞋的女子；

她们是既能写诗作画又能弹钢琴、跳洋舞的女子；

她们是出身名门望族，但又勇敢走出大宅门，进而走到国外的女子；

她们是既接受诗书礼仪，又接受自由思想，勇敢解放自我，追求自我实现的女子……

她们，沐浴在最好的时光下，或婀娜翩跹，或娉婷撩人。她们，是一道最美的风景线，将个性与才情挥洒得淋漓尽致，让人生和智慧绽放得绚烂多姿。

回眸那岁月深处，民国女子，繁花如盛，正是一坛不可多得的陈年美酒。她们或揣着江南细雨般的忧愁，或拥着北方山川般的情怀，她们长得漂亮，也活得精彩。

站在新的历史节点，民国女子，以其高标独立，令人忆念难忘。她们或张扬着那段芳华永留存的时代魅力，或展示着当下丰富而繁荣的无限风光，她们至今鲜活着，风起云涌，氤氲在每一个心怀民国情结的人心中。

那段悠悠岁月，那些绝绝女子，好似就在眼前，从心上的滔海，华丽出场：

风雅彰显着气度。坐拥着豪门的身份，接受着丰沛的教育，出落成大家闺秀，她们个个都是天生的姝女，生命之中的优越感是资历，更是潜质。

爱情激荡于血液。民国，可谓“罗曼蒂克实验期”，如同伊甸园里偷吃了圣果的亚当夏娃，突然睁开了眼睛，得了思想与肉身的自由，她们本着赤子之心，做着浪漫之事。她们的爱情，关乎本真，连及信仰，迸发生命的热度，人人都是美丽的仙女。

书香浸润在心智。她们学贯中西，风范饶人，是最后的文化贵族，满襟的智慧与从容，一生的热情与淡泊，支撑起富足的精神生活。

青春盛放于面颊。民国是个独具美学意义的年代，在最后的古典与最先的摩登之间，青春苏醒，生长出一种美的姿势。旗袍与洋裙，交相摇曳，映衬出淑女的贞静、女郎的摩登。小曲与爵士，咿呀流转，歌咏出花样的年华、粉饰的太平。

旧的体制在解体，新的风云在构建，国学作底蕴，西风正吹拂——因着这一朵朵齐艳的花，她们又散发出各自不同凡响的芬芳，惹得历史的枝头满园春色！

本书选取了张爱玲、林徽因、陆小曼、张幼仪、吕碧城、阮玲玉、孟小冬、胡蝶、潘玉良、唐瑛、苏青、赵四小姐、萧红、宋美龄、张允和十五位民国女子，着笔于感情主线，映现历史镜头下人物的气质闪光点，展示出一幅幅生动、跌宕、感人的民国女性画卷，并在每一个人物的篇末，设有与现实相结合的小板块，以期与读者达到更进一步的交流，给时下的生活一个恰到好处的出口。

个性的迥异、爱情的叹惋、命运的流转，成就了一段段精彩纷呈的传奇，演绎了一个个风情别样的故事。她们在历史的长廊中吟唱着爱与美的长歌，留下了值得我们永久回念的人生况味。

古老中国的缱绻气息，她们与我们共同呼吸；铮铮时代的绵长韵味，她们与我们一齐分享。她们似乎离我们很近，和我们一样，循着内心的信仰，经过感情的颠簸，品味人世的百态，咂摸婚姻的模样，体察人情的冷暖……为价值、为生活、为未来，从来都保持不竭的努力！

百年光阴薄如一纸，民国女子，穿越时空，倏忽扑面而至，她们美好，也让我们悦目赏心。

【目录】

张爱玲：孤月冷照红尘路

林徽因：玲珑与绝唱

陆小曼：妩媚航班

孟小冬：爱转了一圈

胡　蝶：路要自己走

潘玉良：质本洁来还洁去

唐　瑛：一辈子的美人

苏　青：真诚的烟火人间

赵四小姐：人间自是有情痴

萧　红：一叶浮萍漂泊者

宋美龄：爱的方与圆

张允和：曲终人不散

孤月冷照红尘路

张爱玲

Zhang ai ling

她有一颗能洞察人情的玲珑剔透心，但在大是大非面前始终懵懂，纯真得糊涂。她的人与文给我们展示了一袭华美的袍子，仔细一看满是蚤洞，真实得可悲可叹。

清丽月色，蜿蜒小巷，悠悠然生出些蕴藉。她和他出街漫游，经过木器店，就停步看旧式床柜的雕刻；走过寺观，就进去观摩神像。道路一旁灯光猝然亮起，他们的话头一时似被搅扰了，于是戛止：

“你与我结婚时，婚帖上写现世安稳，你不给我安稳？”

女声连着紧凑的呼吸，语气中含有诘责，不明多少。方才的唐突情状，或许像疾行中悄然窜出了小动物便急刹车，神经上的冲击势必要比当场的实况来得重要。然而这对璧人却神色安宁，一个心沉如镜，一个清浅如河。

陌生的小城由此成了张爱玲与胡兰成爱情的告别地，她渡水再回上海，此番来去徒留一声叹息，终没有答案。

张爱玲洞悉人间世事，看穿、看破、看淡，却不出世，所以她说自己是个俗人；她的文字，冷眼旁观，残酷地剥离一切面纱，直面人性、亲情、爱情，所以我们总把她称为天才，而天才本身也从无谦逊之意：“我是一个古怪的女孩，从小被目为天才，除了发展我的天才外别无生存的目标……”

不错，张爱玲是骄傲的，她的确出名趁了早，兰心蕙质、细腻敏锐。她同时又是个问题少女，一生没走出童年阴影，孤独冷艳、自我完胜。她有一颗能洞察人情的玲珑剔透心，但在大是大非面前始终懵懂，纯真得糊涂。她的人与文给我们展示了一袭华美的袍子，仔细一看满是蚤洞，真实得可悲可叹。

人生如途，她虽遭逢了一场旷世奇缘，经历过棋逢对手的欣喜，拥有过日夜守望的甜蜜，成就了一段金童玉女的佳话。可惜，誓言今生的守护，抵不过干戈廖落，薄缘浮萍，终自各散天涯。池园颓唐，花期自待，彼岸花开，生生相错，莫言“涂抹新红上海棠”，寂寞红颜依然民国临水照花人。

逃不出那封锁地

劲风起，寒意恣睢地散布，张爱玲直立在岸边，正欲扬起小臂和她的母亲做一次正式的告别，黑绿色的海水似恰巧借了风势，托着那艘船舰，有如离弦的箭，决意而去。

梦魇缠着幼童娇小的身体和疯长的心灵，她在床上，胳膊用力地伸开想要抓获什么，身子却蜷着，近乎蚕蛹状。朦朦胧胧睁眼间，她看到自己依旧在这座半旧的花园洋房里。母亲和小姑留洋去了，她连着刚才的梦境，想及这些时日她从佣人们的闲语中得来的消息。她忽然感到安静，冷寂一样彻底的安静，那长长叹息后的时光停止了下来。

她坐起来，以第一次认识的眼光打量着她的家。贵族后代的雍容气息依稀可见，只是残败了、清凉了，于是和着陈腐味儿，生生成了古墓一般的模样，同时像堡垒，又像窠臼。幼小的张爱玲凝视着钟摆，仿佛穿过重重墙垣，想看见令家族初兴的曾外公李鸿章，从一代名臣的风光沦为历史“汉奸”的落败，耳边“当当当”一下一下沉重的击打声，如凿石垦地，似在提醒着什么，又在告诉她什么。

“小煐！”

张爱玲听到楼下姨奶奶在喊她。那女人总是像突然受了刺激似的叫她，不过这突发事件日日上演，张爱玲便习惯了下来，自然也无惊惧。还有，她是要去识字读书，涌动的喜愉也让她随时忽略或忘却事情的前奏。

张爱玲蹦跳着又走进姨奶奶那间阴暗杂乱的大房，她的学伴——姨奶奶的侄子已乖乖坐好，他的坐姿仍有些畏缩。一入“课堂”，张爱玲就按姨奶奶规定的惯例，先把昨天学的古诗朗朗背诵了出来：

“烟笼寒水月笼沙，夜泊秦淮近酒家。商女不知亡国恨，隔江犹唱后庭花。”

接着是那小男孩，他声音欠清晰，边思考边把第二句勉强脱口，因而显得磕巴。一时间，张爱玲眼前的情状，毫无征兆地发生了风云突变。她惊恐地看着一向还算温和的姨奶奶在那一刻变得凶神恶煞，一张美丽苍白的瓜子脸因愤怒而扭曲变形，噼里啪啦的巴掌落下去，男孩儿那张小脸瞬间就红肿起来。

张爱玲求救似的望向身边的父亲，才发现父亲也不是她的保护神，姨奶奶的怒火一样不会放过父亲。她跟他吵，抄起身边的痰盂就砸过去。痰盂准确无误地落到父亲的头上，又砸向地面。父亲跳起来，屋子里的怒骂声、尖叫声响成一片……

吵闹、纷争、撕扯、怨怼，让年幼的张爱玲终日战战兢兢、如履薄冰，她紧紧悬着的心从未放下来过。原本母亲的缺席已然成为不可弥补的空白，加之这一幕幕的横行，尚小的心灵不自觉间已染上敏感、孤僻、凌厉、冷漠的晕圈，家的温馨不知还能在她这里留下几分。

如果说，这次阴霾的笼罩只是悄然扎进一颗孩子的心，让张爱玲幸得一个观众身份，那么几年后与继母产生的一次正面冲突，才是她对家庭绝望的绳结，并且她被父亲打入了“地狱”，从此再逃不出惨烈的藩篱。

“怎么你走了也不跟我说一声？”

“我已经跟父亲说过了。”

“咦，对父亲说了！你眼睛里哪儿还有我呢？”

对话在张爱玲与继母各执一端的强势中展开。也许，在张爱玲悄无声息离家的那一刻，愤怒的种子就已在继母的心里种下了。也许，继母觉察着从她进门的那天起，这个倔强的少女就没把她摆在母亲的位置上。于是，一个干脆利落的巴掌当即扬起来，重重地落在张爱玲的脸上，一下子把她打蒙了，也把她打炸了。张爱玲本能地跳起来，要去还手，两个老妈子忙跑过来拉住。可这个姿势再次激怒了继母，她一路尖叫着往楼上奔：“她打我！她打我！”

世界在随后的几秒中，凝固，静止，如暴风雨来临之前可怕的宁静。

伴随着吧嗒吧嗒的拖鞋声，父亲一路急迫地从楼上冲下来，他气急败坏，来势汹汹。张爱玲站在原地没有挪动。“你还打人！你打人我就打你！今天非打死你不可！”父亲不由分说地揪住了女儿，对她拳打脚踢起来。张爱玲不逃也不躲，任由来自父亲的暴风雨劈头盖脸而来。她被打倒在地，不哭也不反抗，冷冷地看着盛怒的父亲和一旁幸灾乐祸的继母，感到血液里有什么东西在飞快地流逝。狰狞寒凉、狼狈怨恨在张爱玲散乱的头发、满脸的红指印和身上紫红的淤伤中烙烫般燃烧。

当天下午，张爱玲就被父亲关进了楼下那间大大的空房子里。红木大床上摊着的薄薄的、破旧的被子，是里面除却她唯一的事物。她觉得自己像弃物一样，被扔进了家中的仓库，想到这里，张爱玲终于忍不住哭了，她躺在光光的长板上一直哭，嗓子几近失声。当然，她并未猜到，已经开启的是一场名副其实的囚禁，从秋到冬，漫长得没有了尽头。

静静的夜晚，淡黄色的月光透过窄小的窗孔投进来，正落在张爱玲面前粉白的墙上，屋子里的一切时刻变得陌生、恐怖，满屋子的鬼影弹劾着她……女童只能倚着微弱的意志度日，一遍遍看着月亮，悲伤的、无情的甚至是杀气腾腾的。

烈性的小兽被关进了笼子，张爱玲体内对家、对父亲的最后一丝留恋终在盛夏到隆冬的光阴列车上消耗殆尽了，这成长的深渊万劫不复，且在她的一生中都不得修正与填补。

噩梦，生时弥久，活像怪物一样钻进了张爱玲的灵魂，自此往后，荒芜为土，残酷是种，蹂躏灌溉，寂寞生花。一纸苍凉，遍处绽放。

盛名下的苍凉

上海的初春，室外阴冷潮湿。晚风时有溜进，月亮带些晦暗高挂，书房里紫罗兰檀香气恰如其分地氤氲着。

周瘦鹃打开张爱玲的《沉香屑》，标题分别为“第一炉香”“第二炉香”，他乍一看觉得挺别致，有意味。他带着一种慷慨的不经意渐入文境，可等到慢慢读下来，竟是越读越吃惊。老到凝练的文笔，不疾不徐的叙述，文中随处可拾的妙言警句，如一朵朵绝妙的花，让人眼前灿然一片。他脑海中不由得浮现下午前来拜访的年轻女子：鹅黄缎半臂旗袍，梳着时下流行的爱司头，皮肤白皙，身材高挑。他单单看她是一个文文静静的女孩子，却不想她华丽的文字背后，那份常人所不及的对人世的深刻洞察。

他不由自主从椅子上站起来，绕室长叹：“天降奇才，为我《紫罗兰》！”

一周之后，当张爱玲再到周家时，周瘦鹃明显比上次还要热情。他直接跟她谈《紫罗兰》的复刊。

“你愿意把这两篇大作发表在《紫罗兰》创刊号上吗？”周瘦鹃征求张爱玲的意见。

“当然愿意。”张爱玲一口就答应了，那正是她的心愿。

日子毫无悬念地过，张爱玲也得以沉浸在一种稀里糊涂的喜悦中。纵然低调的张爱玲，她久久蛰伏，但繁华的大上海怎么舍得不眷顾于她。她生性乖僻、孤独，只一心做着“文字国”的梦，并不愿纷扰什么，然而沦陷后的上海给了她一举全胜的气氛和大放异彩的机会。

两炉沉香的点燃，如一鞭双响炮，让上海文坛空虚混乱的灰烬一度复燃，繁荣再现，盛名腾升。“孤岛”文学的夜空凭空跳闪出如此绚烂的一束烟火，任她招摇，任她炫耀，任她一鸣惊人，任她欢天喜地。不知是才女的趁势追击还是灵感的齐聚爆发，她接着又推出另一鞭，《倾城之恋》和《金锁记》，此时的张爱玲已不仅仅是走红那么简单。

铺天盖地的报纸刊物，洋洋洒洒盘踞着张爱玲的名字，《杂志》《万象》《古今》《天地》等当时颇有名气和分量的杂志上，她轻而易举地占得重要位置。散文、小说，篇篇精彩，俗世的悲凉底子上，是满目的珠玉翡翠。但张爱玲的这一口气并未完，小说集《传奇》随后华丽出版了。

与此同时，一场名家荟萃的《传奇》集评茶会隆重推出，张爱玲当然是主角。

橙黄色绸底上装，青灰色长裙，长发在鬓角处俏皮地向上翻卷，鼻梁上架一副淡黄色玳瑁边的眼镜。张爱玲当天穿着显眼，整个人看上去端庄清丽，略显矜持却不失大家风度。这是她显露妖娆与傲气的场合，她身上本就流着贵族血液，展示起来自是魂体相依，浑然天成。

她坐在屋子的一角，那一处仿佛即刻金辉漫洒，变得庄重、高贵，但也隔绝，宛如开辟成一座壮丽的岛屿。她在岛上，微笑着，以极其饱满明亮的姿态，静静聆听拍岸而来的波澜声声迭起：“横看成岭侧成峰”，读不尽的妙处啊；“用一个西洋旅客的眼光观赏着古旧的中国”，真是妙哉……座谈会开得热烈且热闹，众口一词的赞美调子，让张爱玲的心里美滋滋、轻飘飘的。

这样的特立独行，这样的招摇过市，给普通读者带来的是一片惊艳羡慕，却不能不引起另一些批评指正之辞。一直被舆论和追捧高高举起的张爱玲，如受到当头棒喝，立即发表《自己的文章》予以回击。文字，是她的奖牌，自然也是她的武器。她不管对方是不是文坛前辈，也不怕被居心不良的人利用，只顾一剑刺出，捍卫自我。年轻气盛、心高气傲，张爱玲正享受着山海般的美誉，她怎能容得一丝瑕疵与污垢？纵使是天才，也需要留足够长的时间，静等她成长且成熟。那么现下，就请让她居高临下、恃才傲物地飘一会儿。

寂寞结蒂，一时间，整个上海滩人人都在谈论她，不知道这位笔底生花的作者长什么样，许多热爱她的读者不知从哪儿打探到了她的住址，竟然寻了过去，大有今时今日年轻人追星的架势。

晴阳当照，蝉鸣不绝，葱茏的树影摇摇晃晃着乘风闲荡，张爱玲的公寓前又呈现一派门庭若市、热闹纷纭的景象，来者不管是怀着探看珍奇异物的心态，还是抱以造访新星作家的情结，怕是一开门就蜂拥如潮了吧。

而张爱玲对此毫无欢欣，倒真切地感到尴尬，不知面对陌生人该说些什么，所以嘱咐佣人，不问诚意，一概不见。若是一些她认识的朋友，想要见她，必须提前预约。

此刻，人流洪荒在即，两个佣人自是忙不停歇：“对不起，张爱玲小姐此时不在。”这一句回应频率颇高，当是有礼相待。随着来人的势头迭起，到了下午时分，大概多听得“砰”的一声巨响，将访客直接挡去。

门外的世界，炮火连天，也为她张爱玲铆足了劲儿地渲染造势，为她迷狂，为她颠倒。但张爱玲自己，在门内依旧享受着一个人的上海情调。她虽与姑姑共居，但平日各有天地。

微风款款拂面，苏格兰风笛曲从留声机中飘溢出优美与苍凉，张爱玲半躺在藤椅上，合目静听，偶尔从旁边的圆木桌台上抓几颗咸水花生入口，轻轻慢慢咀嚼着，咂摸着一个人的上海况味。旗袍上黑底红花，显得那样枯闷，空惹一季娇艳，但她喜欢，天天穿着，孤芳自赏。

有时遇上雨夜，张爱玲也不立即回屋，而是凝神欣赏那垂泪的树叶，一两滴雨珠儿压着叶片的腰身，弯了弯了，后跳叶而下，回归大地，无声死去。她的少女情怀依然，散漫不握笔的时候，她幽幽空远的眼神，似乎还在写着：“在没有人与人交接的场合，我充满了生命的欢悦……”绵长的寂寥在人潮涌来时更加清醒，棱角分明得刺骨，所以夜幕降临不失为一份天然的保护，人间的这一叶飘萍，在年华初好时，暂有了栖身之所，然而她的心始终无以停靠，不能慰藉……

直到今天，“张爱玲热”都时有涌动，她二十出头“登上了灿烂的高峰”，时运却再未让她的繁华落地，不顾她高处不胜寒，不知她的心门原只是虚掩着。

此恨绵绵无绝期

短长人生，因缘际会。张爱玲笔下的舞台，上演了高高低低的爱情，各式故事，凡俗生活，犹如一杯色香味俱全的佳酿，世人一饮再饮、一盼再盼，又如一片深邃无尽头的丛林，风景郁郁苍苍、繁盛至极。尘世间的缘分，是玄妙得无法说清的东西。尽管张爱玲写尽了一城一城的饮食男女，但她自己竟还未真正牵涉到一段情愫中间。

她的孤寂在文字的星空中释放，噼啪作响，她的赤心攀援着那些人物的笑与泪，浮沉在大上海的滚滚红尘中。而命运，许是莲心生动，借此为她安排了一场爱恨。

深色礼帽，灰色长袍，浑身上下透着一种中年知识分子特有的儒雅。一个颀长的身影，出现在张爱玲公寓前。在铺着米黄色瓷砖的长廊上，他轻轻按响了主人家的门铃。

“你找谁？”短暂的等待之后，门里传来温厚的女性的声音。

“我想见张爱玲小姐，是从南京慕名而来的读者。”

“哦……张爱玲身体不适，不见客人。”门里的人犹豫片刻，缓慢地回答。

“哦，这样子的……”微笑隐去，掩不住的失望笼上他的脸。

他在门外的走廊上站住，不知道该走还是该留。良久，他从自己腋下的包里掏出纸笔，匆匆写了几个字：来访不见，失望而回。

胡兰成，电话××××。再次轻轻敲门，将那张字条从铁门的送信口传了进去。门里的人接过去。他转身怅怅地下楼。

胡兰成说，桃花难画，因要画得它静。对那一刻的他来说，桃花亦难见，因那枝桃花喜静。

门外的人带着一种寻芳不遇的淡淡失落离去，门里的人却还是满脸懵懂。从姑姑手上接过门外递进来的字条，张爱玲并没有多少喜，倒有几分惊。胡兰成，前段时间她和好友苏青还到周佛海家里替他求过情。可他们没有过任何正面的交集，他为何突然来拜访她？

女人如花，只在男人欣赏的目光里才开得恣肆妖娆。胡兰成不约而来，张爱玲拒而不见。胡兰成怅怅离去，张爱玲心里又生波澜。二十几岁的青春舞台上，谁又能拒绝台下那双热情的、满含欣赏与期待的眼睛？张爱玲犹豫了，于是她回访了。

未曾谋面，却如约而视。这算得上一份情缘微妙的开端吧，又更符合才子佳人连和的初始桥段。

张爱玲攥着字条，寻着电话里得来的地址，像第一次探山开路般，多费了些时间才找到。站在胡家门前时，她竟仍含着一点迟疑，毕竟将要碰面的还是陌生人。她抬起右手，整齐地轻敲了两下，内心的不安略有加剧。不及她收拾好当下的情绪，那门已被打开，全无嘎吱声，静静悄悄眼前豁然明亮了。那儒雅之士迎她进到客厅，他们便直接投入状态，对坐下来。一瞬间，胡兰成只觉得世界都在震动。一个名气如日中天的女作家，临到面前来，竟是怯怯的、羞涩的、不安的——一个青涩的中学生模样。而她被世人传得神乎其神的奇服炫人，在胡兰成眼里却有几分寒酸：旗袍那么短，咖啡色的呢大衣显得有些旧，脚上的鞋子竟是一只黄色一只黑色。

她坐在胡兰成面前，把这个年近不惑的中年男子心思全部搅乱了。他以前的人生经验、对美的概念，在张爱玲这里几乎全被颠覆。她不美，可满屋子里，又都是她的人，满得他家里的客厅都盛不下。她就那样子坐着，又让他无端地生出一份心疼，怕自己伤害了她。一向在红粉堆里游刃有余的名士，自以为懂得什么是惊艳，遇到张爱玲，艳竟不是那艳法，惊亦不是那惊法。

张爱玲一向不爱与人交际，所以他们的交谈中，她做了那个静静的聆听者。她坐在那里，略带局促不安，又满脸的真诚，有如面对父亲时应有的敬畏。她听他批评时下流行的作品，旁征博引、滔滔不绝，见解不谋而合的很多地方，她也被带动起来，说上几句，逐渐地越说越多。当然，他讲得更多的是她的作品。

“你的《封锁》，是非常洗练的作品，简直是一篇诗。我喜欢这作品的精致如同一串项链，但也为它的太精致而顾虑，以为，倘若写得巨幅的作品，像时代的纪念碑式的工程那样，或者还需要加上笨重的钢骨与粗糙的水泥……”

这些赞美，才是诗一样的语言。张爱玲含笑聆听，心已半醉。她暗暗思忖，自在文坛走红后，各种各样的赞美声，她听得太多了，可没有哪一个人，能像眼前的这个男人那样懂她，能把她的作品分析得这样透彻到位。并且，这位侃侃而谈之人确非凡俗之辈，他深厚的国学底子、流畅不凡的谈吐都让张爱玲欣赏，而他用词中那些充满温暖与色彩的人间颜色又让张爱玲感动。在文字世界里，她有一个色彩的宝库，她是一名丹青高手，可以随意调遣。可她的情感世界，却是冷的。

像轰然冲开了闸门一般，张爱玲的拘谨早已涣散，她继续听他谈身世经历，语气中先前的慷慨激昂明显大打折扣。原来他行步在生死成败、善恶是非的边缘，曲折反而凸显了他的才华，张爱玲听着竟不禁漫过一层蒙蒙雾。

来时艳阳高照，不知不觉中暮色已攀上窗棂。五个小时，那么快就溜过去了。天文地理，人情冷暖，说的意犹未尽，听的痴醉沉迷。

胡兰成送张爱玲回家，两人并肩走在路上，话没有那么多，静默的暮色中，远近市声皆已隐去，只有彼此走在路上沙沙的脚步声，还有彼此慌乱的心跳。张爱玲的脸有些发烫，心被一只莫名的大手抓紧。是悔吗？第一次拜访就在人家家里待了这么长时间，不晓得自己的言行可在哪里出些问题。是喜吗？二十余年的青春底片上，第一次这样清晰地印上一个男人的影子。走在张爱玲身旁的胡兰成，也在小心揣摩她。从来没有一个女人，让他这样放心放纵又如此诚惶诚恐。

一直走到离张爱玲家不远的弄堂口，胡兰成才停下来。两人站住，眼睛里都有明显的不甘与不舍。胡兰成的眼眸落在张爱玲的身上，上上下下将她打量一番，说："你的身材这样高，这怎么可以？"极不经意也极随意的一句，一下子把两颗心又拉近了许多。也或许，就是他这样一句话给了她无限的遐想，让她日后加速沦陷进他精心布置的情网里。

初恋，是不分年龄大小、不论时间早晚的，它是红尘中男女最初相遇时的一份心态。甜蜜着，犹豫着，猜测着，躲闪着，又在莫名的期待中，向彼此靠近。

第二天天亮，张爱玲早早就起来梳洗打扮，侧耳倾听着门外每一次电梯开上开下的声音。待晨光明媚时，胡兰成已大大方方地出现在张爱玲的家中。看到张爱玲的人，今又是另一番感觉。她穿着宝蓝绸袄裤，戴了嫩黄边框的眼镜，越显得脸儿像月亮，与昨日暗沉沉的咖啡呢相比，整个人显得青春靓丽了不少。胡兰成的男性心理泛起新的刺激与惊喜。

窗外是全上海在天际云影日色里，底下电车当当地来去。胡兰成置身在张爱玲的闺房中，全然被一种前所未见的华贵所包围，那种新鲜明亮充满逼人的“兵气”，让身贫的他实有不安。

既有兵气，那便是武场，二人自是得再来场比斗，难得棋逢对手。

说到中西文学的话题，胡兰成这个思想受过训练的学究派，竟勇敢地说了句：“《红楼梦》《西游记》胜过托尔斯泰的《战争与和平》，或歌德的《浮士德》。”而到张爱玲这里，她丝毫不认为那有什么困难和值得夸赞的，淡淡回应：“当然。”胡兰成一时不知作何表情。接着在讨论张爱玲读得最多的现代西洋文学时，胡兰成有意读些古典隆重的作品，如莎士比亚、雨果，本想取悦于她，但她说：“……都使人觉得吃力，其实并不好。我宁只喜现代西洋平民精神的一点。”可即便是读了萧伯纳、劳伦斯的作品，她每讲完之后，总说：“可是他们的好处到底有限制。”到底是一副天道无亲的姿态，张爱玲清明理性到极致，甚至无福受用胡兰成的呵哄。胡兰成借机又对她说了些别的话：

“照你自己的样子就好，请不要受我的影响。”

“你放心，我不依的还是不依，虽不依，但我还是爱听。”

张爱玲这下是笑着答复的。她的棱角那样锐利，她的自我那样强盛，她的个性体系在逃离父亲的樊笼时，或者更早，就开始了架构，并在成长的风雨里加速坚固，如今已完备。但她心里是感恩于眼前这个男人的，也觉得庆幸。大概就是安妮宝贝写过的那句：生命是幻觉，可是我需要你在。

又是一场漫长的交谈，心之城垣即被摧枯拉朽，浩浩荡荡。回去后，胡兰成迫不及待地取了纸笔，给张爱玲写了第一封信笺。

爱玲先生：

与你相会之后才知道

你是民国世界里的临水照花人

只觉得文章笔墨里你是什么都晓得

你谦逊着经历世事极少

确然如此

这个时代的一切自会来与你交涉

好似花来衫里，影落池中——

才相别，信就到了。收到这封诗不像诗、散文不像散文的信件，张爱玲笑了。她思量着如何把这样新鲜时髦的东西与长袍飘飘、满腹经纶的胡兰成联系起来，她还被胡兰成流露在字里行间的真诚感动了。张爱玲原本就是那样一个目下无尘、对影自怜的人，却从来没有人如胡兰成一样找到那样形象又贴切的比喻。

“因为懂得，所以慈悲。”张爱玲提笔回了这两行字。

从此之后，他们隔日相向，文字之交迅疾转为男女之情，才情的互通有无已不足以震慑两个热烈的灵魂，时空的交错成映已不能够解释两种不凡的气场。相交愈久，迷恋愈深。

“你怎么这样聪明，上海话是敲敲头顶，脚底板亦会响。”幸福太浓了，常常给人一种不真实的感觉。张爱玲的手指轻轻地从胡兰成的头发上往下滑：“你的眉毛……你的眼睛……你的嘴……你嘴这里的涡，我喜欢……兰成，你的人是真的吗？你和我这样在一起是真的吗？怎么这样好？”性凉的张爱玲，时日越深，她骨子里的不安全感就越发浸漫了出来。从前的寂寞自有了胡兰成便自动消隐而去，因为他给她父亲般的宠爱、兄长般的依偎、师长般的赏识、朋友般的理解、知己般的通晓，他更给她情人般的炽热、爱侣般的崇高。

金风玉露一相逢，便胜却人间无数。是年他三十八岁，她二十四岁，没有举行仪式，只写婚书为凭，二人便结成了连理：

胡兰成张爱玲签订终身，结为夫妇，愿使岁月静好，现世安稳。

前两句是爱玲撰的，后两句由胡兰成拟，诗情默契，余音连连，他们的婚姻竟来得这般不动声色，不过风平浪静当然算是乱世里最好的礼物。

可惜，该来的总会来，亏欠的总要偿还。命运常常喜欢急转弯，在最得意处让人掉下来，也许是为了摔得更痛让人铭记，可惜人类是最擅长遗忘的。

婚后，胡兰成动身去了武汉，主持日伪报刊《大楚报》。重重炮火之下，朝不保夕的感觉在他心上愈发强烈。而张爱玲留守在上海，满心喜悦地揭开事业的新帷幕，小说《倾城之恋》改为舞台剧本隆重在上海各个剧场演出，后又被拍成电影，在新光大戏院上映，导演、演员皆为著名人士。张爱玲这束曾经孤独的烟火，此间的表演该是最热闹的吧，她一度冲上云霄，更骄傲地绽放自己。

“我回来了。”

适逢胡兰成休假归来，张爱玲就认真做他的妻，她雀跃着跑去迎接，长长的思念有了着落，眉宇和嘴角，新妇的笑意依然难掩。

她牵着胡兰成的手，穿着他喜欢的绣花鞋子，拎着菜篮子穿过人声鼎沸的市场，满脸洋溢着幸福。精心烹调后，她为他准备了一席家宴。晚间，他们闲谈时，胡兰成却无端给了她当头一棒——

“那周小姐，女伴都叫她小周，我不觉她有怎样美貌，却是见了她，当即浮花浪蕊都尽……”话头一起，心细如发的张爱玲便听出了其中的一些端倪，但她并不愿多想，她把一份嫉妒与伤心生生地压了下去。心中绵亘的爱如溪流清晰见底，她怎么可能因为什么就停止？

——倒是战事，后来停息了。

举国上下一片欢腾，上海街头庆祝抗战胜利的鞭炮声中，张爱玲的心里却有了隐隐的担忧：他一定是在逃亡的路上了，背着“汉奸”的名儿，他，身上是否带足了钱？

张爱玲与胡兰成保持鸿雁传书，她虽能获知他的消息，却一直没放下对他的担心。于是，张爱玲只身乘船，前往他当时的暂留地温州乡下。

久别重逢，没有喜，只有惊。“你来做什么？还不快回去！”胡兰成一见面就对她粗声呵斥。他显然没有想到她会突破重重困难千里迢迢来看他，更没有想到她竟然找到了自己，激烈的气恼中自然不带一丝感激，他还感到慌乱与尴尬，因了忧患惊险中与他结合的范秀美。

而张爱玲只当是他被时局扰坏了脾气，并不计较。她就近在一处小旅馆住下来。房间里，自然是要温风细雨一番，她与胡兰成并排躺在床上，跟他讲一路上的经历。猛然听到窗外哞哞的牛叫，还有乌鸦的叫声，两个人面面相觑，诧异发笑。一笑泯恩仇，当胡兰成孩子般的笑容轻轻展露在张爱玲面前时，她的心忍不住软了下来。来时的路上，那种酸楚一直强烈地占据着她的心房：在她和小周之间，他总要做出选择。然而这一刻，似乎什么都不重要了，颠沛流离的乱世里，她只要他心里爱着她，就足矣。

旧痂未退，新伤又袭。黑沉沉的夜里，张爱玲孤零零一个人走在回旅馆的路上，眼泪大颗大颗地涌出来。她回想着白天里胡兰成腹痛时，向那范秀美娓娓诉说；回想着他对邻居介绍时，她是“妹妹”；回想着刚才离开时，那二人更像夫妻在送别她这个外人。他认定了她的大度，更认定了一个聪慧独立的女子是不该为争风吃醋而辱没自己的斯文与风度的，索性连一句安慰的话也没有。张爱玲只能兀自痛着。

她来不及认识那范先生到底是何等人物，来不及整理与胡兰成之间究竟横亘着怎样的矛盾与生分，他就催促她赶紧离开了。临行前又谈到两人的感情去向，胡兰成照旧摩挲着不予明确。

“你到底是不肯。我想过，我倘使不得不离开你，亦不致寻短见，亦不能再爱别人，我将只是萎谢了。”

世景荒芜，张爱玲渡着一程山水，踉踉跄跄地回到她应该在的地方。正值雨天，张爱玲一人撑伞在船舷边，对着滔滔黄浪，伫立良久，内心爱海翻涌，却只能付之东流，眼眶泪意横泛，也只是孤声号啕。

上海，唯独她的上海还在。《不了情》电影的上映，上海观众给予了极大的热情，其小说版本《多少恨》也随后面世。想来，此恨绵绵无绝期，张爱玲对胡兰成仍是爱的，可这份不了情一旦断了一头，念作恨又何尝不可呢。

熙攘的街头，一家店铺的橱窗前，一个孤独的女子流连着，细致入微、不厌其烦地观赏每一件时装的质地、款式甚至丝边的金线与带端的排穗的形象。玻璃映出的苍白面孔，时时使她从心底深处泛上一种苍凉感，她喊喊喳喳地私语着：“脏与乱与忧伤之中，到处会发现珍贵的东西，使人高兴一上午，一天，一生一世。”

归去，也无风雨也无晴

轰隆隆向前驶进的时代列车上，张爱玲掀起了一幕才华的悲喜剧，但她也因此经历了一场爱的罹难，张扬势必是少了太多，她变得沉静，或许又将染上寂寞的毒瘾，姑且笔耕不辍吧，张爱玲只能继续拽着文字的稻草聊以慰藉。

她不再想起他，倒是清净，不过有时候痛苦无缘无故地又来了。洗澡当时，身心放松，慢慢休瞑，泡在热水里的联想不一会儿便乘虚而入了。那感觉，如浑身烫伤了一样火烧火辣，还会像潮水一样地淹上来，并且总要淹个两三次才退。这样的伤痛，若非爱过的人简直无法理解，爱情本来就像是一场高烧，烧得人失去理智，怎知失去的时候还是如此，像患了风寒，抽丝剥茧般，好得奇慢无比。

恍神间，青山上红棕色的小木屋，映着碧蓝的天，阳光下满地树影摇晃着，有好几个小孩在松林中出没，都是她的。他出现了，微笑着把她往木屋里拉。非常可笑，她忽然羞涩起来，两人的手臂拉成一条直线——可就在这时候清醒了。

曾经她竟是幻想过跟他天长地久，过着寻常人家的生活……只是最美的都在梦境里。自从那一次绝水而去后，他们这一生东奔西走，再也没有相逢过。

不记得是哪位哲人说过的话，大意为沉默是女人最好的宝石，因为绝大多数的女人，她们的一生就是忙着不停展示自己，不停抱怨，没有住嘴倾听的一刻。活泼喧闹有它的好处，但静默也有静默的魅力。而张爱玲，是在爱这枝上花朵萎谢后，无字可吐。

春光葳蕤，美国麦克道威尔文艺营大厅，到处是欢歌笑语、觥筹交错。张爱玲初来乍到，眼见到处是陌生的脸孔，便任意挑本文学杂志，坐进一角的沙发里看起来。她静坐的时候，不知道一位优雅不羁的老者正注视着她。不经意抬起头来的一刻，四目相视一笑，像久违的朋友，一个善意了解的笑容化解了异乡的旅愁。

这个男人正是后来成为她丈夫的赖雅。也正是和赖雅，张爱玲实现了“执子之手，与子偕老”的俗世誓言。

一场绵绵的秋雨过后，天放晴，空气中飘散着落叶的枯香。张爱玲与赖雅手挽手走在深秋的街道上。他们去邮局，给远方的朋友们寄信，晚饭后又去看了一场电影。华灯初上，被秋雨清洗一新的街道上霓虹闪烁，身着华装的张爱玲偎依在赖雅的身边，发髻高绾，笑靥如花。夜风扬起赖雅深色的风衣衣角，呼啦啦作响。一场秋雨一场寒，风起夜凉，张爱玲不由得打了一个寒战，那也没有逃过赖雅的眼睛，他停下来，脱下自己的风衣，轻轻披到了她的肩上。张爱玲傻傻地冲着他笑，眼泪却忍不住流下来。三十八年来，这般幸福时刻，在张爱玲的生命中实在太过稀罕了。

人生难得再次寻觅相知的伴侣，一首恋曲装点了她的窗扉。她终是需要一剂温暖，所以赖雅有了机会；她终是需要一个依靠，所以赖雅有了担当；她终是需要一场凡俗爱恋，所以在赖雅这里有了出口。

高蝉多远韵，茂树有余音。张爱玲在洛杉矶的公寓里深居简出之时，大洋的彼岸，多少读者为她如痴如狂，掀起一股又一股“张爱玲热”。外面的世界哗然、惊羡连连不止，张爱玲则在雪洞样的屋子里，平静或说是冷淡度日，校书。

她坐在地毯上，伏在小木箱上整理、写作。她已是一位地地道道的老人，齿摇发落，越来越多的身外之物也都被她一一抛弃了，她保持着低得不能再低的生活水准，吃速食食品，穿一次性拖鞋，累了困了就和衣倒在地毯上睡去。孤独随意地撕扯着自我，她仿佛又变回那个陈旧房间里的少女，落落寡合地支配着一个人的生活。经历了和赖雅物质酸寒的一段岁月，张爱玲俨然愿意吃食贫穷，因为爱人的离世，令她的心更为哑然，生气全无。

一次又一次的搬家过程中，多少有用的无用的旧物都被张爱玲丢了，只有那一本脱了线的旧影集，一直跟随在她的身边。那里面有她的亲人、她的家、她的血脉根源。再怎么与世隔绝，她依旧逃不掉他们在她身上留下的烙印。追着一个个逝去的家亲，死亡在哪一刻由她选择。张爱玲躺在房里唯一的一张靠墙的行军床上，身下垫着一床蓝灰色的毯子，没有盖任何东西，头朝着房门，脸向外，眼和嘴都闭着，头发很短，手和腿都很自然地平放着。她的遗容很安详，只是出奇的瘦，保暖的日光灯在房东发现时还亮着。

这间隔的六七天，张爱玲享用了一生未有的宁寂，她决定归去，就像从容赶赴一场约会。窗外的月光再度暗沉了下去，只房间里的日光灯，她还想点亮着，亮着。

红尘阡陌，孤月隐去，太平洋上，大把的玫瑰花瓣飘飘零零，红的胜火，粉的如霞，白的似雪，渐渐辨不出影踪，唯稀疏的波光荡漾，漾回那尘世路……

［致最好的你］

天才总是孤独的，他们因着对世事的洞彻、对智慧的领悟、对人类的探索，思想境界与心灵气度总是超脱于众的，所以，孤独与伟大，又成了一对孪生姐妹。

不过，静默有时，跳舞有时。目光的深邃与心性的纯然呼应，丰满的理想与骨感的现实也往往相谐相生。那么天才的生存之道，就在于如何在自我与现世中，找到合宜的频率，抵达恰到好处的幸福。

事实上，大多数的人总是害怕孤独，表面上不愿意承认，内心却唱着“孤独是可耻的”的调子，殊不知，孤独源于爱。正如周国平所言：“也许孤独是爱的最意味深长的赠品，受此赠礼的人从此学会了爱自己，也学会了理解别的孤独的灵魂和深藏于它们之中的深邃的爱，从而为自己建立了一个珍贵的精神世界。”

如此，自我认识便独特而深彻。每个人都是独一无二的天才。

林徽因
Lin hui yin

玲珑与绝唱

生得富贵，长得端庄，她的先天背景丰沛十足；学得超群，嫁得最好，她的后天资历值得崇拜。同时，她还享尽了爱海滔滔的盛况——她大概是聪明到精明，才能旋手就排布天下，世事洞明、人情练达的功课，她势必做得完美。

1955年，三月的尾巴，尤为冗长。它拖延着寒意，迟迟不愿离去。林徽因几天没有进食，全身无力，多个器官衰竭。夜半，她忽然用微弱的声音对护士说：

“我要见一见梁思成。”

护士看了眼指针刚刚落到“2”的时钟，回答：“夜深了，有话明天再谈吧。”

可是，她已经没有明天了，她很快陷入深度昏迷。空荡的病房里，林徽因平静、安详，身体逐渐冰冷，她似乎在撑力等着，等着。晨光熹微，她一个人迎来了人间四月天，却再也不是“一树一树的花开，燕在梁间呢喃”。

繁花妍艳的生命，到底还是一个凋零的结局；华彩满溢的篇章，末了不过是一个苍凉的句号。但当理想蓝图完整描绘，人生规划圆满实现，林徽因带着一颗玲珑心，也该徐徐谢幕了，她的一生绝唱令时人赞和，令后人惊羡。

林徽因生得富贵，长得端庄，她的先天背景丰沛十足；她学得超群，嫁得最好，她的后天资历值得崇拜。同时，她还享尽了爱海滔滔的盛况，与诗人酿得浪漫初恋，与建筑师谱写伉俪相携，与哲学家结成蓝颜知己——林徽因大概是聪明到精明，才能旋手就排布天下，世事洞明、人情练达的功课，她势必做得完美。

从来就对自己保有清醒的认识和苛刻的要求，进而付出殷实的努力，坚持对她来讲只是习惯，正如优秀是目标一样。然而，她也活得真实，可爱、聪慧、任性、张扬、理智……她都涉身，人性大剧，端然上映。

是啼唱的鹰鸟，是漂移的莲荷，是不夜的明珠，是执手的谜底，是生澜的波涌，是玲珑的梦境……

孤独不成曲

“徽因——”

“爸爸！您回来啦！”

少女抬头前仿若早已辨识出声音来自父亲的方向，便即时边说边欢跃着冲了过来，嗓门格外清亮、活泼。林长民像新开发出一处况味怡人的风景一样，认真打量起女儿来，神情中掩不住喜欢和满意。眼睛乌黑明亮，顾盼生辉，一条黝黑的小辫子静束在身前，立领的中袖短衫和素朴淡雅的褶裙多么合体，恰到好处的宽紧度把她的小身子凸显得越发娇俏，黑色丝袜和皮鞋是他前些时日送给女儿的礼物。父女间一番温柔之余，佣人前来禀报：“先生，可以开饭了。”

“爸爸，那我先陪妈妈吃饭去了。”

女声瞬时就低沉了些，整个人像一个装置被按下某个键以后运作变得不那么灵敏，她慢慢游移着向西侧的那扇窄门走去，脚步拖沓着，不知是因何缘故一下子钝重起来还是不情愿接受与父亲的短暂分开。推门而入时，手指摩挲到的木屑，窸窣着毫无留恋地掉落下来，迎面降临了一个绝对异样却熟稔于心的世界。

她的母亲是侧室，思维守旧、目不识丁，本就和内心浪漫、勤学有志的父亲不相匹配，性子还急躁，甚至在延续子嗣的环节上出现了两度障碍，相继夭折。林徽因懂事时，家里已是这样一番局面：父亲和二娘带着三个弟弟和一个妹妹，住在宽敞明亮的前院，而她和母亲单独留住在逼仄阴暗的后院。

母亲精神因受冷落而饱受孤单、悲伤的蹂躏，也为此变得怨怼，脾气自然差极了。“你又往前院跑了！”林徽因一进门就听到了响亮的呵斥，她虽早已习以为常，但每逢遇上，还是吓得不禁打个寒战。

“你爸爸一回家就直奔前院，从来不进这儿看看……你也老爱往那边钻……”林徽因知道母亲的牢骚又要开始了。几年来，后院的凄然冷寂像雪洞一样冰寒着母亲的心，又像枯穴一样耗尽了母亲原本就不多的一点生气，那连年的叹息、抱怨、急躁、眼泪，已取代了母亲对她的关爱。孤独和忧愁长期笼罩着少女的心房。

“妈妈……”林徽因总是先在房间书桌旁的檀木椅上蜷缩着坐一会儿，静等母亲的情绪发泄得差不多了，再踱步凑过去，像给母亲温暖一般抱着她。当然，她每一次这样做的时候，也害怕母亲再度爆发起来。幼小的心灵，带着一份颤颤巍巍成长，像始终拖着房间里无时不在的黑影。稀落的光线中，林徽因总是想着能跑向父亲的怀抱，和他撒娇，抑或平等交谈些什么，而回过头来，却只有母亲暴戾凄凉的面容。

她常常看着随地可见的闪影发呆，那飘飘忽忽间，她的孤独像断线的珠子，又像失声的音符……

荆棘鸟的暗啼

总要密阳笼罩，枝丫才能粗壮；总要精心浇灌，花苞才可绽放；总要伺机飞翔，雏鸟才知天阔。林徽因渐渐出落成一个袅娜娉婷的智慧少女。

花季年龄，如朝阳晨露，林徽因随父亲漫游欧洲，法国的浪漫、伦敦的优雅、德国的严谨、罗马教堂的繁华……一路领受而来，皆与祖国的文化氛围完全不同，那么新鲜有趣，让她目不暇接。而在家中，她扮演了女主人的角色，经常接待来访的中外各色友人，她落落大方加之聪敏蕙质、灵气逼人，长进一日日明显，父亲更是对此自豪不已。

可她毕竟还是个女孩，并不能真正进入父亲的圈子，她大部分时间还是守在家中，等待忙碌的父亲归来。这时，远离故土的孤独和寂寞，就如爬山虎一样蔓上她的心尖，她突然想念起母亲，胸中抹过一笔灰色的调子……

这天，林徽因倚在书房的窗子旁看雨，偶有冷风入室，因屋子过于空旷而更像一场疾速的洗劫。雨绵延了一整日，完全湮没了父亲归家的信号。她在楼上就能嗅到楼下厨房里炸牛腰子同洋咸肉，到晚上又是在偌大的饭厅里独自坐着，垂着两条不着地的腿和刚刚垂肩的发辫，一个人一面吃饭一面咬着手指头哭……顶暗的灯光无关紧要地摇曳着，林徽因的心只能蜷伏进女孩的梦幻中，幻想些浪漫的憧憬，臆测着不着边际的少女情怀。

世间事，总是赶着赶着就巧了。

没过几日，一位激情奔放的诗人——徐志摩登门而至。“叮咚——”闻声后的林徽因，蹦跳着像欢乐的小鸟，快速飞到了门前，因着父亲在家，她又有事做，自然十分喜愉。一个身着深色开领风衣的男子出现在她面前，脖颈间的围巾收拾得妥帖、整齐而见其细腻心思，一副眼镜后是饱含学识的双眸，一丝天真的明亮，倏忽撞进林徽因的心湖，少女的脸颊顿见微红。将客人迎至沙发，林徽因泡一杯咖啡的间隙，客厅里已热烈谈论了起来。她今天有些羞涩，并不像往日那般举措自如，但因由话题内容的引诱，她神往着，不自觉参与其中。

文学、艺术、诗歌、美术，仨人思想上的觥筹交错，很快就变作了两个人的相谈甚欢。对林徽因来说，她因为有了这么一位才华横溢、善良体贴的“大朋友”而庆幸，父亲不在身边的时候也有人做伴了，满腹对于这个世界的看法也有人倾诉了。世界好像不再那么空虚，一个热情的身影填补了无聊的空闲时间，一切变得似乎更有活力、更有激情。少女的美丽插上了诗意的梦幻翅膀，而那诗人的心，好似视见珍珠剥落了青涩的外皮显露其熠熠光辉，就这样顺理成章地动起来、活起来。甚至他往林家行走的脚步，也越来越勤快。

两人坐在英式的温暖壁炉前，谈文字，谈音乐，谈眼前的雨与雾，谈梦中的花与树，谈昨日的稚拙，谈明日的梦幻。即使什么也不谈了，默默对坐，彼此相视，两个人之间流动的，也是一条温情脉脉的河。去国怀乡的愁绪远了，烦扰远了，人间的种种都远了，连说话的声音都好像远远的、软软的，那皆是因为爱了。

康桥上，她为他笑靥欢语，如沐春风，他因她诗兴大发，如歌吟咏。数月间，火一般的爱恋席卷着一个诗意浪漫的世界，他们无话不谈，体味着从未有过的幸福、开心。光阴，此刻也在他们身边凝滞，任山水窈窕，任日月同辉……

爱情的风吹来，鲜花盛开，是这样心动的感觉吧。可是，一旦涉及婚嫁问题，她犹豫了。

因为，在林徽因少女的悸动背后，还有害羞，还有胆怯，还有家庭，还有理智。不久，她将随父亲回国，一旦回到传统的东方社会，那曾经发生过的爱情故事仿佛也变得不真实。家族中的人一致反对，怎么能容忍她插足别人的家庭，名节这样受污？更何况，她身上还有父亲与挚友梁启超的儿女婚约，日后将与梁思成缔结连理，她怎么可能违背父亲赐予的最好安排？林徽因回到了现实。

父亲一直是宠爱林徽因的，可是在大家庭里长大的她，作为失宠的太太诞下的女儿，对人情世故，到底有着比一般人更深刻的体验。她终究不忍心别人因她，而像自己母亲那般被抛弃吧？并且，庶出的身份，让她变得十分要强，她不可能再走母亲的老路，也不想去伤害另一个无辜的女人。于是，林徽因很快埋葬了自己的这份感情。

几十年以后，林徽因躺在医院的病床上，她以为自己不行了，特地央人请来张幼仪母子。见面的时候，林徽因虚弱得什么话也说不出来，只是望着眼前的画面，头转到这边，又转到那边。她仔细地瞧了瞧张幼仪，恍神间，仿若洞见的是穿梭在时空长廊中她的母亲，而那小孩子一如她自己。

也许，正是这样一个拎得清的女子，背着或多或少的隐忍与智性，决心将自己的世界开辟为更广阔的天地。自我规划的宏图与家庭命运的归宿，让林徽因活脱成一只荆棘鸟——体型小，高昂着头，美观又气派，她要让自己的羽翼最丰盈有力，歌声最优美动听！

曲径通幽，琴瑟相谐

林徽因是个绚烂得奇特的女子。

她的光芒中夹杂着少时母亲带来的想要"一雪前耻"的果决和毅力，连带着从诗人身上汲取的浪漫与敏感，因而生命的棱角愈加分明，魄力愈加壮阔，个性愈加张扬，而命运无声给予的馈赠便是让她拥有一段举世仅有的美好婚姻，一座安定稳固的房子。

林徽因回国后不久，梁思成便正式到林宅登门拜访。成长的疏离所带来的陌生感，很快就被少时模糊的静好印象冲刷得消失殆尽，二人开始自在而又真诚地谈论各种话题，异地见闻、兴趣爱好、未来志向等。自此以后，林徽因和梁思成时常往来，关系日益亲密。

经历过诗歌的调理后，恋爱之花，在林徽因这里总归是开得慢了些，好比花瓶里清水半空半满，没有办法浸溢出来。而有时，就连林徽因自己，也未必读得懂自己的心思。

想不到，加速这场恋爱进程的，竟然是一场车祸。

5月7日是国耻日，梁思成骑摩托车和弟弟梁思永上街参加示威游行，摩托车至长安街时，被国务院权贵金永炎的汽车撞倒，梁思成满身染血。

祸事临头，林徽因才发现人命危浅、朝不虑夕，而自己当做的，不是追忆，不是怀思，不是衡量，而是珍惜眼前人，不待无花空折枝。她日日前来安慰梁思成寂寞的床榻，为他拭汗、打扇、读书，照顾得无微不至。虽然这起事故使得梁思成落下些微残疾，左腿比右腿短了小小一截，不过，却是因祸得福，使他彻底走进林徽因的心。林徽因彻底明白，她愿意成为梁思成的洗手做羹汤、携手度一生的妻。

命运就是这么神奇的东西。在举棋不定之时，上苍便显意其神明，为她布下一个局，让她看清自己的内心。

如果说，梁思成与林徽因的一世修好，车祸事件起了导火索的作用，那么一起经历人生的无常令他们有了共患难的坚实的感情基础。

林徽因的父亲参加郭松龄讨伐奉系的战役，不幸中了流弹而身亡。这一猝然变故，给林徽因以强烈的打击和悲伤，她顷刻由一个无忧无虑的千金小姐，变成一个无所倚靠的孤女，内心的动荡与惶恐无边蔓延。

好在梁启超及时伸出援手，他特地让梁思成转告林徽因：“他的女儿就是我的女儿。何况，你们还有这层关系。放心吧，徽因的学费我来出，就当多养了一个女儿。”这话多温暖啊。雪中送炭，却毫不以此要挟什么，林徽因发自内心地感激。而此间，她的身边也多亏了梁思成的陪伴。

夏夜幽然，宾夕法尼亚大学的校园别有一番况味。路灯下，林徽因攥着同学兼恋人的一份生日礼物——一面仿古铜镜，迟迟发着呆，心思暗涌，是朴素的欢喜，更是深邃的感动。铜镜的一面镶嵌着镜面，另一面的中心图案是对称的飞天浮雕。飞天外圈环绕卷草纹饰，花纹旁边铸着字：“徽因自鉴之用，思成自镌并铸，喻其晶莹不珏也。”这是梁思成用了一周的课余时间，设计、雕刻、铸模、翻砂、仿古，耐心细腻打磨出的心意之作。晶莹的镜子映照出两人青春的脸庞和他们圆满的爱情。

自然而然，水到渠成，梁思成和林徽因于翌年在加拿大修成正果，成就姻亲。

经过情伤、丧父，一颗漂泊的心终于靠了堤岸。林徽因很满意如此选择：她如小树，梁家便是牢靠的树荫，给她安全与庇护；她像跳动的音符，梁思成便是稳定的五线谱，他们共同谱就动听的乐章。

婚前，林徽因追求者众，梁思成问：“有一句话，我只问这一次，以后都不会再问——为什么是我？”

是呀，为什么呢？相信哪一个被幸运之箭射中的人，都会有这样的好奇和惶恐。而对方通常会说“因为你善良”“因为你爱我”“因为我们投脾性”……

可是林徽因却讲：“答案很长，我得用一生去回答你，准备好听我了吗？”

你准备好听我用一生的光阴给你一个答案了吗？

你准备好听我以一生的心意给你吟诵一首用岁月连缀成的情诗了吗？

你准备好拿一生的时间和我长相厮守了吗？

我若是一个谜面，你准备好一生的情义来揭开我的谜底了吗？

林徽因好似在梁思成耳边萦绕了一席甜言蜜语，她的方式简洁，韵味却深长——她的话儿还未戛止：如果准备好了，长日如染，岁月如流，那，我们就一起上路吧，沿路处处黄花。

这是一个多么风情、狡黠、灵慧的女子啊！

每个人的人生，都像一幅刺绣，在正面呈现那柔亮艳丽的图景之时，背后却布满了芜杂而痛楚的针脚；犹如月亮总以璀璨的正面示人，直到阿波罗13号拍回照片，人们才看见那些坑坑洼洼的环形山。婚后的林徽因，抛却智慧女人的光环，其实极度自恋、脾气暴躁、体弱多病、不谙家务，这其中不乏她少时母亲影响的因素。不过，所有这些，梁思成如同欣赏她的优点一般，都接受了。

林徽因喜欢在夜晚写诗，点上一炷清香，摆一瓶插花，穿一袭白绸睡袍，面对庭中一池荷叶，在清风飘飘中吟咏思虑佳作。她对自己那一身打扮得意极了，“我要是个男的，看一眼就会晕倒。”

梁思成却逗她，“我看了就没晕倒。”

她气得要命，怪他不会欣赏她，却一辈子用着他做的仿古铜镜。

有时候，夫妻间就真的有这种“斗一斗”的闺房之乐，彼此享受，实无怪责。林徽因性格比较要强，又心直口快，脾气有点大。

一般都是梁思成不作声，让着她。亲戚们都笑说他是个“烟囱”。然而当“烟囱”也发火的时候，口舌之争就发展到了燃烈过旺的情形。

“砰！”

梁思成摔门而去，一气之下，坐火车走了。

家舍中，徒留林徽因和几个佣人。那小女子暗想着，他梁思成怎么可以这样，委屈和生气愈加不能平复，足足哭了二十四小时——佣人们既惊诧平日里潜书修学的太太竟还有任性的一面，又一时慌张无措，不知接下来该怎么办，先生也联系不上。

这次破天荒的别扭与出走，以梁思成从火车上连发了两封电报和一封信为契机宣告结束，二人重归于好。这一场，看似丁零当啷，实则上演的是温馨家庭的小闹剧。其实，早在他们新婚之时，梁启超就曾写信嘱托：“你们俩从前都有小孩子脾气，爱吵嘴，现在完全成人了，希望全变成大人样子，处处互相体贴，造成终身和睦安乐的基础。”这是一番慈爱之心，也是出于对儿子、儿媳秉性的了解。

不过，林徽因虽然不够温柔，但是还懂得给梁思成面子，不在外人面前吵，如果佣人在旁边，就用英文交锋。那次之后，她认为：“在夫妇之间为着相爱纠纷自然痛苦，不过那种痛苦也是夹着极端丰富的幸福在内的。”林徽因自然知道梁思成对她的包容，或者也正是因为这样，她才敢完全真实地表露自己，她会珍惜，也肯付出。

做家务向来是林徽因的一大厌事，她觉得浪费时间，可总有躲逃不过的时候。这晚，林徽因身居书房，精神上却有种兵临城下的感觉，因为第二天家族里的姑姨亲眷要来住上些时日。她惴惴不安又焦躁不已，一会儿坐着抵首凝思，一会儿起身踱步叹息——智慧生莲的林徽因一下子被难倒了，但她知道自己作为妻子应该妥善招待。当夜幕沉沉，做完研究的梁思成这才注意到手旁一张绘了十七个床铺的流程图，上面详细标明了哪个客人、什么时间来睡。他不禁一笑，心里满觉得林徽因可爱，因为她竟然拿出专业精神来做家务。

岁月的风华清浅旖旎，在婚姻的初体验中，林徽因和梁思成就像齿轴和齿帽，经过旋转、磨合，很合适地咬啮在一起，相互成全为更有用的一个整体。他们情深意笃，得益于一个第三者——他们共同的事业，双方深情的目光除了相互凝视，更多时候，是在注视同一个方向。

“梁上君子，林下美人。”好友金岳霖就曾题对联赠予这对建筑史上的伉俪。

他们因着高亢的热情和严谨的态度，踏足中国十五个省，两百多个县，考察测绘了两百多处古建筑物。河北赵州桥、山西应县木塔、五台山佛光寺等，通过他们得到了世界的认识，从此被保护。在建筑学上的持续探索，一把将他们从青年拉到了中年。道途山水足迹深深，时光年轮印痕斑斑，他们有太多心血结晶，有太多的过程与回忆。他们的思想和境界越发高明，默契和感情越发深浓。

林徽因体质本弱，一直咬牙苦撑，长期旅途劳累加上气候阴湿，肺结核病复发，来势汹汹，高烧四十摄氏度不退，盗汗连连，连咳带喘。因为家所在的李庄既无医院，当时也没有肺病特效药，她的健康被彻底摧毁，卧床不起，一躺就是四年。

梁思成借此学会了输液、打针，他不厌其烦地把那些器皿用蒸锅消毒，然后分置各处，一丝不苟。除了工作，他还兼职厨师，一个从来不曾下过厨的儒雅书生，如今学着蒸馒头、煮饭、做菜、腌菜和用橘皮做果酱。家中实在无钱可用，只好当卖衣物，把派克钢笔、手表等贵重物品都“吃”掉了。梁思成常开玩笑地说：“把这只表‘红烧’了吧，这件衣服可以‘清炖’吗？”

林徽因脾气原本便暴躁，病中肝火更旺，再加上不能如旧做事业，她强烈的自尊心免不了受挫，训诘时有，但梁思成都微笑以对。

以前在昆明时，为了应付高价的房租，林徽因外出教书来维持生计。她一个星期来往四次，走将近十公里的路，去云南大学教六点钟的英文补习，一个月所得不超过四十法币的报酬。颠沛中梁思成测量古建筑的皮尺不知所踪，皮尺是测量时的必需品，他愁眉不展，沉默不语，林徽因便瞒着他，毫不犹豫地在黑市上花二十三元的高价另买了一条送他。

投之木桃，报以琼瑶。现在夫妻二人只是互换位置，梁思成承担了大部分生活的重担。林徽因想到往昔的一幕幕，再看着眼前的丈夫为自己躬身操劳，思想负担还是理性地由自己解除了。为配合梁思成编写《中国建筑史》，林徽因就在病床上开始阅读“二十四史”，做资料准备，并在以后的日子承担了全部书稿的校阅和补充工作。

她依然是那个明媚并要强的女子，他依然是那个严谨却温和的男人，他们依然琴瑟相谐，共同演奏着建筑上的佳音妙曲。在结婚二十周年家庭聚会上，林徽因招待茶点之余，用来庆祝的一个重头节目是做了一个关于宋代都城的建筑学术报告。

平面三角形最稳定是公理，感情上也存在几种三角形。有的夫妻独自甚至各自向外去找一个角；也有的独自或者各自以事业为重，或痴迷于某项爱好；还有的夫妻会像梁思成与林徽因这对伉俪，共同关注于某项事业或有着共同的兴趣。

第一种也许稳定一时，却存在着大动荡的隐患；第二种日子久了，非生物的第三者有被生物的第三者取代的可能，君不见本来是爱好摄影，后来连带爱上同样爱好摄影的人；最稳定的可能是第三种，即便激情转化为亲情，共同的事业和爱好却像清新的风，让夫妻间依然呼吸得到新鲜的空气。

聪明者得天下

时间是最理想的。

北京春天的一个下午，温煦而光明。

迂回的胡同蜿蜒着只管往深了去，一棵新吐绿芽的垂杨柳心安理得地从小院倒翻了出来，墙垣也不由笼上了一层金绿色的生机。四合院内，大大小小四十多间房，看起来雍容十足。院子里栽种着丁香、海棠和马缨花树，花团锦簇着，好不悦目赏心。垂花门将外院和里院端然连接，而客厅就在这距门不远不近的位置。

穿过透明的玻璃，阳光洒落一地，照在繁花细叶的毯子上也成风景。中间放着一个很矮的大圆桌，桌上供着一大碗枝叶横斜的黄寿丹。四围搁三四只小凳子，六七个软垫子，常年不会空着。墙上挂着一副对联——“清水出芙蓉，天然去雕饰”，出自林徽因的公公梁启超的手书。只听较为集中的门铃声后，自然接应的是橐橐的皮鞋声，纷至沓来。

好比这树丁香，
几枝山红杏，
相信我的心里留着有一串话，
绕着许多叶子，
青青的沉静，
风露日夜，
只盼五月来开开花！

如果你是五月，
八百里为我吹开蓝空上的霞彩，
那样子来了春天，
忘掉腼腆，
我定要转过脸来，
把一串疯话全说在你的面前！

林徽因动情地朗诵着她的诗作，匀称的身形着一袭质地上好、做工精细的旗袍，别有一番韵味，东方美的闲雅、端庄、轻巧、魔力一应俱全。她的声调起初温婉而悠远，缓缓慢慢晕着柔情，但随着诗兴的高扬，语速加快，调子也变得明丽，仿佛全然不是前几秒中那个从画卷中走出的娟秀女子，而是变作一位艺高人胆大的侠士，慷慨陈词，满腔激昂。

不及她念完，会客厅里已哗然一片，赞誉不绝。文学先锋人物胡适，作家沈从文，翻译家萧乾，哲学家金岳霖，经济学家陈岱孙，考古学家李济，社会学家陶孟和……纷纷讨论了起来。

萧乾首先发言，他保持一贯的慈面，笑意中款款地推出两个短句："好诗啊，言之有物！"

金岳霖见状，不及咂摸完一口咖啡，就接着说："亦言之有态嘛！可以'表演'诗歌了。"

林徽因坐在那主人的核心位置，对从各处投递过来的目光很是受用，并不觉得有怎样的尴尬抑或灼热。

梁思成身在其间，遇上合宜的时机，也少不了调侃几句："徽因是个很特别的人，她的才华是多方面的……所以做她的丈夫很不容易。中国有句俗话，'文章是自己的好，老婆是人家的好'。可是对我来说，老婆是自己的好，文章是老婆的好。我不否认和徽因在一起有时很累，因为她的思想太活跃，和她在一起必须和她同样反应敏捷才行，不然就跟不上她。"

他笑着，诙谐着，想必是真的有压力，毕竟他的妻子是那样锋芒毕现的女子，然而视见她灵魂的香气，在往来男宾的翘首下受到众星捧月般的佳美礼遇，他心里应该也略有酸涩吧。

果不其然，事实应时而来。

适逢梁思成去河北考察古建筑，林徽因留在家里。一直对林徽因充满爱慕的金岳霖向她表达了自己的感情。该是在一次次的聚会中，金岳霖被林徽因的才华风姿所打动，逐渐萌生爱意；该是在深奥的哲学领域之外，金岳霖从林徽因那里感受到了迷人的人性魅力，爱情之网中他越陷越深。而林徽因感到非常困惑、苦恼，她对这个看上去古怪的大个子，这位睿智幽默的哲学家也很有好感。

于是，梁思成考察一回来，林徽因就坦诚地把这件事告诉了他，并说：“我苦恼极了，因为我同时爱上了两个人，不知道怎么办才好。”大约是对丈夫彻底的信任和依赖，林徽因这次的做法并不像她本人的一贯做派。她对梁思成谈论这件事的时候，表情像个困惑的小妹妹在向大哥哥讨主意。她的率性的表白像一根大棒敲在梁思成的头上，让他顿时呼吸困难。

是夜，梁思成始终未眠。“她没有把我当一个傻丈夫，怎么办？”“徽因到底是和我在一起生活幸福，还是和老金在一起幸福？”他躺在床上辗转反侧，思量再三。第二天，他把自己的想法告诉了林徽因：“你是自由的，如果你选择了老金，我祝愿你们永远幸福。”他边说边哭，而林徽因则边听边哭。

当林徽因把梁思成的决定转述给金岳霖时，大哲学家平静地说：“看来思成是真的爱你，我不能伤害一个真正爱你的人，我应该退出。”

想必，林徽因到底是有把握的，相濡以沫的生活让她在梁思成那里赢得了真实够份的令牌，所以才敢这样坦率。想来，林徽因终究还是聪明的，她善于把自己置于矛盾之外，让两个男人去做“斗争”，她自己则保持最佳方案的主动权所有。她的人生就是要一路最优选择下去，且理智与慧颖在关键节点上推动她向前迈进，这不是简单偶然的连缀，而是她一心筹划、多方经营的结果。她耕耘有力，自然收获有利。

后来的日子，他们之间再也没有谈起这件事，而且平和自然地过起了“三个人”的生活，划分出友谊和爱情的界限，彼此真诚相待，成为最好的朋友，还做了铁杆邻居。这中间，金岳霖当然还深爱林徽因，但这爱是赤诚的、无私的、透明的，他没有把她从她的家庭拉走的意思。他终身未娶，似乎是梁家的“高级顾问”，差不多成了梁家的一分子，于此也一生没离开过林徽因。

哲学家的爱是节制的，发乎情止乎礼，却最为绵长，最是宽阔。在爱的赌局里，人人都以为非得代价才能换取所欲，而唯独她林徽因，不动声色地，在建筑师的房子里过得安稳有靠，在哲学家的精神世界中活得优雅如一。她的生命硕果压枝，繁盛至极，她的歌唱婉转高扬，喝彩满堂。但林徽因终于走向了平凡的结尾，病魔带她进入人间天堂。

轻轻地她走了，因由她的江山已如此多娇，她的天下已那般精彩。而他们也都各有归处：梁思成续弦了他的学生，金岳霖依然与她隔空做伴，而那诗人早在天上待她讲演……

【致最好的你】

完美主义者，总是纠结、疑难、苛求，反而忘了在现实的门槛前，多需的是智性、玲珑、优秀，并要为修炼自己不断丰盈上进狠下功夫：饱读诗书、规划人生，从而赢取率性真实活法的资格，如此才能获得最大化的自由，向着真正的完美靠近。

完美主义者，永远有着明确的目标、清晰的路线、积极的态度、加倍的努力，他们像西西弗斯一样，永远不屈不挠地推着自己的石头，向高山上去。

若想活得丰盛而漂亮，就必须沉默耕耘，精进不休。学识、修养、事业、性情……一样也不能掉以轻心，唯有高要求才可达到高标准，而自身的段位也在潜移默化中得以提升，生命的品质才能够更好。

所谓蹉跎日月，不过是懒人对自己不负责任的投机罢了。

妩媚航班

陆小曼
Lu xiao man

她体现了女人所有的妩媚与温柔，表达了一个女人完整的渴求和本真。于是，她把陈旧发霉的古城，撩动成春水盈盈的新都。她不是烟花，却比烟花寂寞三分；她不是玫瑰，却比玫瑰美艳动人。

房间里，烟云缭绕，一片狼藉，徐志摩与陆小曼吵得一发不可收拾。

怎料陆小曼盛怒之下，抓起烟枪就往徐志摩身上砸。徐志摩本能地躲了一下，虽没有砸中他的脑袋，却贴着额角打掉了他的金丝眼镜。

望着满地的碎片，想想连日来的奔波，再看看在鸦片的迷幻世界里沉醉的陆小曼，徐志摩心灰意冷，摔门离去。当他第二天下午回到家时，迎接他的却是桌上的一封绝情信。

“……你若坐飞机死了，我做风流寡妇……”

徐志摩伤心透了，再度离去。然而，这一无声别去，便是永诀。

有情人间有多少种痴缠多情的告别方式，或不舍拥抱，或泪眼涟漪，或长情等待，或笑送君行……这对爱得热烈、守得辛苦的夫妻，任焰火灼烧彼此，任个性征战对方，末了仍是这番震天动地般的阴阳离决。

二十多岁的陆小曼，是京城不可多得的全能尤物。她的样貌清秀端庄、婀娜娉婷，是如浑然天成的诱人风光，如蕴藉深沉的唯美画卷；她的学问才情卓越超群、声色盎然，是如春水流溢的轻盈灵动，如飞鸿过天的清凌飘逸；她的性子超然绚烂、真我如一，是如深谷幽兰的况味十足，如繁花遍开的淋漓尽致。

陆小曼，她可以在任何一个时代兴风作浪，她可以挑起所有男性潜藏的热情与欲望，无论是学富五车，还是才高八斗，在她的翩翩裙裾下都失去了色彩。她体现了女人所有的妩媚与温柔，表达了一个女人完整的渴求和本真。于是，她把陈旧发霉的古城，撩动成春水盈盈的新都。

她不是烟花，却比烟花寂寞三分，她不是玫瑰，却比玫瑰美艳动人。她是一汪碧海，澄净透明却又深广难测，她是20世纪流动的诗篇，她是历经劫难后不衰的红颜。

天长地久有时尽，她让人爱憎难明，却亦是晚景凄凄，爱几场，便梦几场……

黑夜她独舞

夜晚的北京，霓虹闪烁，车水马龙，繁华极了。

陆小曼退去戏装，换上一身银色的丝绸旗袍，眼神飘忽而落寞，却看起来更显魅惑。回家路上，月光清扫着她满身的疲惫。

在那昆曲中，她将自己放逐，徜徉在古人的爱情纠葛之中，她似乎才感受到生命的一些滋味。每次等到曲终人散的时候，她才退场，在那古老的戏院里，挥手告别一段段清梦，走出戏院的大门，又回到现实的凄凉。

王公馆的老妈子这个时候听到太太搭乘的汽车熄火的声音，连忙出来迎接，第一句话便是“先生回来了”。

“先生回来了……”陆小曼喃喃道。

有一丝欢愉掠过心头，这次分别已经多久没见了？

上次见面还是春天吧，现在却已经是秋高气爽了。陆小曼绕过沙发远远地望了一眼书房，门没有关，王庚还是老样子。

昏暗的灯光幽幽地映着王庚的棱角，那年的一袭白纱、一捧红玫，在面前的正是这张英俊的脸啊，从什么时候开始，他离自己越来越远了呢？即使像现在这样，就在眼前，但还是感觉虚幻得像一泉粼粼的月光。

清夜无尘，月色如银。你为什么如此不解风情？陆小曼由对王庚一点点的失望，最后变成绝望。在她的生活中，王庚如渐渐褪去的一幅画、一道光影、一袭云。朦胧的思绪中，她踩着婚姻的独木桥，再回那懵懂时光。

往昔如昨，陆小曼，乳名小眉，从小就是父母的掌上明珠，聚焦着家里所有的爱与光华。璀璨，对于她来说，顺理成章。作为名门的千金，她生活在一个镶金的圈子里。经过贵族学校的正式教育和父母的有意调教，她渐成一个聪明、机灵、自由的女孩，尤其精通英文、法文，又擅长油画和水墨。

天生丽质自难弃，也只有那个时代才能造就这样一位旷世佳人。美丽灵秀的气质与纤细柔美的身材更显江南女子的婉约，这样的女孩子在学堂自然更是受欢迎的。男孩子像仰望公主一般地仰望着她，一贯集万千宠爱于一身的陆小曼一路顺风顺水，趾高气扬地行走在人群的最上方。“名媛”的桂冠从此佩戴一生。

陆小曼无疑是一颗耀眼的钻石，在外交部做翻译使节的她也成就了一道不可不看的风景。

“你们中国的练兵方式大概与世界各国都不相同吧？”

“没什么不同，全因为你是当今世界上有名的英雄，大家见到你不由得激动，所以动作无法整齐。”

法国霞飞将军来中国访问，在检阅中国仪仗队时，发现其表现不佳，十分气恼。陆小曼虽然一方面确实觉得仪仗队动作不整齐，但也不甘于外人来数落，竟如此回应。

说，她敢说，也说得妙；做，她敢做，还做得巧。而她只是真性情而已。

另一次中外交流的宴会上，陆小曼陪同外宾谈笑风生，突然间“啪”的一声震惊四座，紧接着便是哄堂大笑。原来是一个外国人为了取乐，竟用烟头把中国儿童的气球点爆，然后捧腹大笑。

陆小曼看在眼里，心里极为不痛快，径直走过去取过烟头，把一个外国小男孩的气球也点爆了，这一声“啪”后，没有哄堂大笑，堂皇的会馆中弥漫着紧张而震惊的气息，她却像无事之人一样走出围观的人群，回到朋友身边，继续玩自己的。

聪明与机灵不过是陆小曼的本能，骄傲与纯真更是她骨子里的气息。三年的外交翻译生涯让她迅速成长为北平社交场上的名媛淑女，她不再安于平静的生活与学堂，而是沉醉在繁华、奢靡、高贵的社交圈中，那种被人追捧、到处被簇拥的感觉极大地满足了这个正值烂漫花季的少女心思。

有道是乱花渐欲迷人眼。盛世的赞美以后，陆小曼注定再也忍受不住寂寞，再也禁不住孤独。只看轻舞霓裳，一个旋转，她便身随父母的绝佳挑选，和王庚相配着步入了婚姻的旅程。那是一个玉树临风的青年才俊，一个游刃官场的上校绅士。

本以为那场婚礼是一段美丽的开始。

本以为那个男子是命中等待的宿命。

本以为那次牵手是一次永远的承诺。

原来一切只是以为。命运会在你自以为是的时候将你摇醒，告诉你，那些都是飘曳的梦。

陆小曼回想至此，顿觉陷入婚姻之冰，梦中之身，孤独而无奈。她酌一壶酒，轻抚几下琴弦，声音荡漾出去，好似自己无处安放的心声。

她怨他沉稳冷静，甘于平庸的婚姻，想他满足她的锦衣玉食也是理所当然；她怨他含蓄内敛，长于行动的表达，想他忽略她的精神灵魂更是错上加错。山一程，水一程，倾城的月光怎么舍得让这一风华绝代的女子，独自饮下那无尽的惆怅和哀婉？

时光那头的一纸婚书尚未捂热就失了温存，陆小曼感到心中的枷锁越发顽固，她要挣脱，她要做绝对自由的自己！

爱情只是绕指柔

戏台上，陆小曼吟唱着、舞蹈着，嗓音随情拉扯，长袖轻曼来去，赢得满场欢颜。一段《春香闹学》让她醉了，但与以往不同的是，台上的徐志摩，也清清浅浅地让她心动了。近段时间，他们因这次义演几乎每天都待在一起，对词、唱戏，四目对流，顾盼间绵绵情意漫漫散散地荡漾着，荡漾着……

陆小曼生是夜的宠儿。而今夜的曲终人散，她却多了一份过甚的期许。谢幕后，陆小曼拉住徐志摩催他赶紧卸妆，然后便拽着他顺着后门走了。徐志摩心下正是奇怪，问道："你的车不是在前面停着吗？"

"我们不坐车！"说话间便来到了后园子，原来陆小曼竟不知从哪里借来了脚踏车，耍着性子要徐志摩载她回去。

"如果让你许一个愿望，你许什么？"

"下雪，你呢？"

"我想遇见一个糖炒栗子的。"

"你的愿望比较容易实现。"

夜风中，车上男女的对话，浸润着无限的柔情，多少条街、多少个巷，兜转着仿佛便被延长，没有尽头一般。

徐志摩感受着坐在前面的女子的呼吸，她任性得无法抗拒，又乖巧得楚楚动人，此时此刻离自己竟只咫尺的距离。陆小曼则张开双臂，身体就着风仿佛就要腾空，活像飞翔的小鸟，她的心插上了欢快的翅膀，一下一下振动着。

"糖炒栗子嘞！糖炒栗子！"可巧，真的遇上了。徐志摩立马跳下车子，陆小曼也是几乎同时落地的。"你看，我说你的愿望比较容易实现吧。"徐志摩说着已将一个纸袋递送过来，"给，正好暖暖手。"

陆小曼捧着那袋栗子，像捧着一束光，温暖着她的手，更照亮了她的心。

突然间，有些雪花飘然而至，徐志摩惊愕地抬起头看那浩瀚的苍穹，如若这不是苍天的有意安排，怎么会这样了却他的情缘？徐志摩像个孩子看着陆小曼笑了。

天雪萧萧，似知君意。

诗人的灵感和浪漫一触即发，他在心里酝酿着，《雪花的快乐》：

在半空里娟娟地飞舞，
认明了那清幽的住处，
等着她来花园里探望——
飞扬，飞扬，飞扬——
啊，她身上有朱砂梅的清香！

那时我凭借我的身轻，
盈盈地，沾住了她的衣襟，
贴近她柔波似的心胸——
消溶，消溶，消溶——
溶入了她柔波似的心胸！

一个个绵长深浓的夜，一次次青灯浊酒的对谈，像一团火焰燃点了两个惺惺相惜的灵魂，又像一场大雨浇湿了两个酣畅淋漓的身影。

两人从此坠入了爱河，无法自拔。哪顾纲常伦教，哪顾宗法家风，他们本都是热烈的性子，一个由诗人的疯狂发散，一个由姝女的倔强张扬，一个由诗人的天真作底，一个由姝女的野性铺就，两相聚合，便只管愈烧愈烈，汇流成海。

那陆小曼本来就是一个性格倔强的女子，她不像张幼仪那样爱得卑微，不像林徽因那样爱得束缚。她就是她自己，她忠于内心，穿梭在旧礼的桎梏与腐朽的言语中，她势必勇敢，因了诗人的热温、爱情的滋养，她势必自由，因了王庚的成全、父母的默认。终于，一切尘埃落定，他们，名正言顺了。

终于，眼波潋滟，唇语销魂，心意缠绵，连信笺也早已堆叠如山。

徐志摩记：“我较深的思想一定得写成诗才能感动你，眉，有时候想，就只你一个人真的懂我的诗、爱我的诗，真的，我有时恨不得拿自己血管里的血写诗给你，叫你知道我爱你是怎样的深。”

陆小曼写：“幸福的时候，你觉得心里是麻的，浑身都痒丝丝的，可是你伸出手，怎么也搔不到那痒处。相思的时候，是酸，单抽这一根神经，像愁啥似的，它是跟呼吸联系在一起的，你每呼吸一次，它就抽动一次，除非你不呼吸，可是你也办不到。再严重一些就觉得痛了，它是跟着心跳来的，有时候痛到仿佛全身的气力都作用到那一处，除非你命令心脏不再跳，但你也办不到！最了脱的莫过于心死了……”

徐志摩记：“身边从此有了一个人——究竟是一件大事情，一个大分别：向车外望望，一群带着笑容往上仰的可爱的朋友们的脸庞，回身看看，挨着你走着的是你这辈子的成绩、归宿。这该你得意，也该你出眼泪——前途是自由的吧？为什么不？”

陆小曼写：“以后的日子中我们的快乐就别提了，我们从此进入了天国，踏入了乐园。”

新居是一座新筑的小别墅，坐落在徐志摩的老家硖石。户外有屋顶楼台，远瞰东西山景，颇为惬意。徐志摩与陆小曼主居后楼，东侧的厢房是二人的温柔世界，其内一派纯欧洲风格，无论是粉色的家具、铜制的眠床，还是西式的壁炉或梳妆台，无不透着徐志摩对陆小曼的满腔爱意和诗情浪漫。东厢房也有前后之分，后房是诗人与陆小曼的“香巢”，前房是诗人的书屋。

陆小曼身着素雅的旗袍，一抹清幽的蓝带着兰花草的香味轻飘而来，一个墨绿色的发箍将一头乌发束起，青丝及肩。徐志摩看得出了神，心里尽是抱得美人归的喜悦，脚步停了一阵子，才想起这会儿是要拉着她和父母一起吃饭。

饭桌上，陆小曼只能吃半碗饭，剩下的就推到徐志摩面前，娇语两句，让他吃完。几次下来，徐志摩便也受用着习惯了。但母亲看得十分不舒服，又心疼儿子，便说：“那饭还是凉的，志摩吃了说不定会生病哪。”陆小曼不吱声，似乎表示接受，但脸上的表情暴露着几许乖戾。

有时，饭后两人正要上楼，陆小曼会撒娇道：“志摩，抱我上楼。”她是快活的、无所禁忌的、骄傲的，当她遇到徐志摩的时候，他带着她将那“真”的本性发挥得更加淋漓尽致，所以结婚后，她更不会吝惜于使用这样的权利，因为那本来就没什么特别。虽然身后的眼色包裹着气愤，暗示着收敛，但徐志摩还是一如既往地宠护她，她倒也十分满意。

在爱的庭园中，二人赋诗泼墨，焚书取暖，或伏在案前读书写字，吟诗作画，倦了就随下人们栽花种草。夫唱妇随，心心相印，连时间都放慢了脚步，看着这对佳人情意绵绵地盖着他们生命中最精致的印章。

流年岁月，太过美好的感觉总归是会遭妒忌的，如此，便不能不波折。由于战事迫近，陆小曼和徐志摩移居上海，辗转四次搬家，终于在法租界的一处住宅安稳下来。他们的命运又经过了一场颠簸，陆小曼也因受不惯这几个月的煎熬而染了一身病，不过婚姻就是在生活的打磨中且行且进的。

进入安家立业的模式以后，陆小曼很快如鱼得水，欢畅自如。

此时的上海，十里洋场依旧是歌舞升平，纸醉金迷。陆小曼习惯并且喜欢城市生活中灯红酒绿的沉醉与刺激，喜欢那种像吸了鸦片一样兴奋、享受的感觉。她像重新找到生活的轨道一样，对这种快乐充满了热望。在硖石受够了公婆冷眼的名媛就这样爱上了上海，并再也不想离开这里。

想吃便吃，想玩便玩，陆小曼又恢复了早晨从下午开始的日子。起床后，画画，写信，晚上还有应酬。脱离了公婆的控制不说，徐志摩还格外地宠着她，甚至是纵容，她的生活状态和心情完全焕然一新。

“今天托朋友过长崎时买一筐日本的大樱桃给你，之前的一罐蜜饯下午就到了。”

徐志摩像报告好消息一样，对着里屋床榻上的陆小曼喊了这一句。说完，便急匆匆地出发去光华大学了，他在那里找了份教职，可谓竭心尽力供养着家里的娇妻。

不仅是吃的方面，徐志摩想得周全，即使是看到好看的外国鞋子，日本的手绢或绸缎、大衣料，他都悉数买回。这一切都是出于爱吧。爱上一个人，就想把所有最好的东西都奉献给她。

徐志摩自己也感觉很幸福。当陆小曼盛装应酬时，他总是陪伴左右，引来别人一片羡慕之声。他也因此感到满足，能把这样的女人娶回家，真是有福气。

日子徐徐往前赶着，徐志摩在奔劳中已良久未有诗作。

霜浓月淡的冬夜，徐志摩原是渴望坐在炉火旁翻翻书、写写诗，心爱的人在眼光所能触及的地方做着淡雅的事情，这样他抬头的时候就能看见她，在灯火荧荧处，一切只如初见。而他却跟着人们来到那人身攒动的戏院，满脸涂着油彩，在台上晃着脑袋、抖着身子，演着一个不重要的角色。

而陆小曼似乎完全没有感受到徐志摩的厌倦与烦恼，她对戏的热情继续有增无减。常年在高级的剧院里包着雅座，呼朋引伴，大方地请客、捧角，一掷千金，毫不痛惜。物以类聚，人以群分吧，也是在此时，她认识了翁瑞午等一帮朋友。

陆小曼痴迷在台上，徐志摩却奔波于地上；陆小曼绚烂得无知无觉，徐志摩却辛苦得无声无息。两人的感情，有若夸父追日般，一个在高处灼热着，一个在低处拼命着，全然不是当初你侬我侬的甜蜜，更不是谈诗论画的文雅。难道婚姻真的是爱情的坟墓？徐志摩不知道答案，只是在脑际一遍遍盘旋着这样的疑问。对于现在的他来说，也许幸福，是财富做的面子，痛苦做的里子。

沉迷于大上海的交际圈，热心于赶场赴会的陆小曼，很快就给他们这个刚刚成立的新家带来了巨大的经济压力，且从此再也没有摆脱过。

陆小曼出入都有私人汽车，家里仆人众多，有司机、厨师、男仆、贴身丫头，就连她身边的丫头都穿着入时。“徐太太”果然风光无限、阔绰之极，可徐先生早已无意欣赏。

她要，他便给，只要他给得起。家庭的巨大开支，使得徐志摩不得不四处兼课，拼命赚钱。徐志摩渐渐体味到了操持的艰难，他无法满足陆小曼习惯的生活，只好又奔波于北京和上海之间，努力地创作、教书，但仍然无法补足家用。两个对金钱毫无概念的人被金钱所困后，便像大多日常夫妻一样，矛盾和怨言充塞着日子。

“我家真算糊涂，我的衣服一共能有几件？你自己老爷的衣服，劳驾得照管一下。”

“上海的房子小，乱地方又下流，人又不可取，还有何可留恋呢！来去请便吧，浊地本留不得雅士，夫复何言！”

他是儒士，不得已才埋怨两句，而她，她的才华用来斗嘴，倒也锋利。

陆小曼夜夜笙歌的生活仍如火如荼地进行着，和丈夫一南一北地分开着，再加之物质上还是吃紧，她心里的怨气就多了起来。而且长期糜烂的夜生活，带来浮华的光晕外，更让她的健康状况日趋下降。听说吸食鸦片可缓解疼痛，陆小曼便又多了一项消费、一种乐趣。

曾经为了走在一起突破重重困难，如今却在彼此婚姻的挫磨中，两相失望了起来。陆小曼开始觉得婚后的诗人幻想泯灭了，热情消亡了，生活便变成白开水，淡而无味；她觉得他对她不但没过去那么好，而且干预她的生活，叫她不要打牌，不要抽鸦片；

她觉得自己像一只笼中鸟，一定要飞向郁郁苍苍的树林，飞得自由自在。

历史的流言将矛头直指向这个奢靡过度的女人，可是，陆小曼她打小就养成了无所担忧、随性而为的习惯，她一直过着富足的高水平生活，她从来不愿意为了所谓新女性而牺牲自己的快乐，她就是要做她自己。

也许，任何人都无法阻止别人按照自己的本性去生活，哪怕是爱人，或者尤其是爱人。

缄默画凄凉

人说，凡事有太好的开篇，就难有太好的结局。诗人陨落了！当陆小曼手捧诗人失事遗物中自己的山水长卷时，她该是多么的肝肠寸断？一个时常出门都要带着娇妻画卷的丈夫，一个时刻不忘为娇妻的画卷留下各地大师墨宝的丈夫，他纵有对她的绝望，心里却还是深深爱着的啊！

时人对她横加指摘，然而流言蜚语也挡不住有人对她加献殷勤。因为美玉总是要焕发原有的光彩，那是深埋在泥土中也要被挖掘出来恢复其本来面目的。胡适来信劝慰陆小曼：

1. 希望戒除嗜好；

2. 远离翁瑞午；

3. 速来南京，由他安排新的生活。

如此细节的了如指掌，该不是普通朋友的关心吧？如此诚恳的道义担当，该不是一般情分所能解释吧？念及最初，陆小曼与他的信件上，也是温热涌动，焦灼真切。

“我最亲亲的朋友：我这几天很担心你。你真的不再来了吗？我希望不是，因为我知道我是不会依你的……只希望你很快地能来看我。别太认真，人生苦短，及时行乐吧。”

“我终于还是破戒写信给你了……你怎么又发烧了？难道你又不小心感冒了？今天体温多少？我真是焦急，真希望我能这就去看你，真可惜我不可能去看你。我真真很不开心。请你一定要好好照顾自己。”

天时地利人和，好光景毕竟总不太多。机缘一过，怕是再难拾起，而今陆小曼已与信中提及的翁瑞午做了陪伴。人世的跌宕起伏、颠沛流离以后，她依然有得凭靠。

心中本无字，所以也不必回复了。正如，诗人离世后，陆小曼始终缄默不语，任窗外罪责飞天、口诛笔伐，她都不为自己辩解。

懊悔深种，爱意绵亘，陆小曼从此素服终生，闭门不出，谢绝一切宾客，也再没跳过一支舞，唱过一首曲。她的卧室里悬挂着徐志摩的大幅遗像，相片下面总摆放着她为他选的娇艳的鲜花，她倔强地呢喃着：“艳美的鲜花是志摩的，他是永远不会凋谢的，所以我不让鲜花有枯萎的一天。”正像听闻死讯的刹那，她幼稚地把那报信人拦在门外，只顾歇斯底里，哭得像个孩子一样。陆小曼，确实真性情，不分时宜。

斯人远去，她洗尽铅华，甘愿淡泊，绝迹曾经留下旖旎风光的地方，而消失在人们的视线里。“万千别恨向谁言，一身愁病，渺渺离魂，人间应不久，遗文编就答君心。”于是世上就有了《徐志摩全集》，就有了证明他们爱情的《爱眉小札》。

怀缅纪念绵延不绝，陆小曼的生活也要继续才行。

千灯万盏，不如心灯一盏。在陆小曼最需要照顾的时候，是翁瑞午挺身而出，担负起陆小曼的全部开销，让她的排场生活得以接续，而她从来就需要如此。从昔日陪她唱戏、画画、抽鸦片，到给她按摩，再到当下的陪伴左右，这个风雅又懂投其所好的男子越来越喜欢称“太好了”，越来越习惯说“我来，我来”！

物质和精神，陆小曼都要，她一直要的就是两全其美。所以，如果说，此时陆小曼的灰色人生多了一点荧荧之火的光亮和希望，那么一定是翁瑞午的功劳。

年华渐逝，陆小曼后来常年卧病在床，她的容颜早失去了亮丽的色彩，头发常是蓬乱的，牙齿也落得精光，却也不镶一副假牙。由于过度吸食鸦片，牙龈也是黑的，但翁瑞午仍是不离病榻前，端茶送水，嘘寒问暖。他好似见识了一支玫瑰从娇艳欲滴到逐渐枯谢的全过程，他可能还庆幸他欣赏过了她全部的繁华、皱褶与凄落。他一手传承自名师丁凤山的推拿绝技，似乎也单献给了她一个人，为她减弱身体的病痛。

也许因为这样，陆小曼依赖翁瑞午到不能离开的地步。

也许陆小曼还想，徐志摩是知道的，他还曾为自己在旁人面前开脱呢：“夫妇的关系是爱，朋友的关系是情，罗襦半解，妙手摩挲，这是医病；芙蓉对枕，吐雾吞云，最多只能谈情，不能做爱。”于是，冥冥间，睡梦里，她仿佛看见、听见了徐志摩的认可，所以索性共度晚年，她问心无愧。

可是，这一“闺中密友”也先她而去了。至此，陆小曼的妖艳人生落下了帷幕。

翻手为云，覆手为雨。或许，人生的大起大落，非要经走“名媛”“交际花”“徐志摩的太太”这么一遭之后，才成全一个“画家”陆小曼。

后来的她过得平淡而舒心，手执画笔，描摹着一生见或未见的山水。她的胸中不时念起那诗人远去的想望：“你不知道我怎样深刻地期望你勇猛地上进，怎样相信你确有能力发展潜在的天赋，怎样私下祷祝有那一天叫这浅薄的恶俗势力的‘一般人’开着眼惊讶，闭着眼惭愧。”如此，她的人终于“争气”了些。

她的画不烦琐，皆为远山峻岭，苍茫与寂寥同在，迷蒙与清幽同存。一如她的性情，看似冷峻，实则温婉，清淡而不失高雅。

不工作的时候，她握着百看不厌的《红楼梦》，一味沉了进去，偶尔发发感慨：

“过去的一切好像做了一场噩梦，酸甜苦辣，样样味道都尝遍了……我没有生儿育女，孤苦伶仃，形单影只，出门一个人，进门一个人，真是海一般深的凄凉和孤独。”

【致最好的你】

尤物与美人不同，更像洋娃娃般，穿着蕾丝裙，戴着金钻戒，享受着奢华无度的生活，因而适合玩味游赏，却不适合柴米油盐。生活的艰辛，伴侣的珍惜，爱情的经营，岁月之间的相濡以沫——全然是陌生亦不擅长的，她们在云端，始终不愿意落地。于是，感情的流转是必然所致，晚景的凄凉也不过是自食其果。

爱情是渗透到生活里去的，但真正抱以积极的态度去创造、去磨合并非易事，甘于家庭的琐碎并在其中寻找到乐趣，大概是每个女子都要修习的功课。感情就是实用派的，余华也有言：“对于一生相伴的男女来说，相依为命才是真正的爱情。”所以，当爱情变成婚姻，浪漫渐渐不似以往，变成了白开水，但还透着股甜，就要抱以甘之如饴的态度，享受伴侣关系中的另一番风情。

毕竟，妩媚航班只能是一段旅途的际遇，坚实行走才是延续一生的正道。

一半火焰，一半海水

张幼仪

Zhang you yi

她仅仅因着他的声色，便有了挫折的命运，有了黯然的青春，有了凉薄的际遇；却也因着与他的裂变，有了重生的契机，有了卓然的商绩，有了丰盈的结局。

元月时节，纽约街头在一场雪后已渐见明亮，哥特式教堂不低不高地插往云霄。寓所里一张柚木桌旁，老妇正就着侄孙女的扶助，吞下药丸。只听她们的谈话未断：

“你总是问我爱不爱徐志摩。你晓得，我没办法回答这问题。我对这问题很迷惑……如果照顾徐志摩和他的家人可称为‘爱’的话，那我大概爱他吧。在他一生当中遇到的几个女人里，说不定我最爱他。”

这样的回答，看似模糊，却是厚积薄发，谦逊而自信，掷地有声。如果不爱，她怎会照顾他的家人？如果不爱，她如何允许他改变她的一生？如果不爱，她为何对他善尽始终？时间的苍茫，胶着了年代的搁浅，历史的镜头下，张幼仪正阔步踏来。

丁言昭在《徐志摩的原配夫人张幼仪》中这样写：“诗人的爱，在林徽因是美丽伤怀的记忆，是不可得，是不可弃；在陆小曼是风花雪月的人生，最旖旎的浪漫，最极致的风情；只有在张幼仪，是深秋的遗忘，是落叶的飘零，是永不可说永不能说的黄连，苦在心里。”

张幼仪名分最尊贵，徐志摩待她，感情却最淡薄。传统的烟云中，她的门当户对不是优势；新潮的雨雾里，她的贤良淑德不入他的眼。于是，时空明净，无关她的洗练与沉稳；山水潋滟，无关她的坚韧与持重。她仅仅因着他的声色，便有了挫折的命运，有了黯然的青春，有了凉薄的际遇；却也因着与他的裂变，有了重生的契机，有了卓然的商绩，有了丰盈的结局。

于此，她生如夏花的人生，绚烂精彩，如那矢车菊，看似柔弱单薄，却自有风骨。她迎来新的花季，于万丛娇艳间，从容绽放，生气勃勃。

上海的江水，随她摆渡，她叱咤风云；香港的岛屿，任她停泊，她光明独立；纽约的日月，由她寄望，她温润安详。

“有生之年狭路相逢终不能幸免，手心忽然长出纠缠的曲线，懂事之前情动以后长不过一天，哪一年让一生改变。”城池的移易，成就了张幼仪平淡但富足的流年。

火焰熊熊，海水滔滔，一半燃烈，一半沉熄，一半纠缠，一半清朗。时空再琳琅，山水再峥嵘，张幼仪就那样遒劲地渡过。

难解错爱劫

冬寒袭骨，肃意隆深，上海滩的夜晚显不及往季繁华，黄浦江水的湿气又拦挡了不少人出动的脚步，而只有码头热闹照旧，熙攘如盛。

船舱中的床上，张幼仪侧身躺着，眼神始终飘向窗外，仿佛良人就与之相视凝望，她的蜷姿带些拘谨，许是不常出远门的缘故。她似有心事地咂摸着什么，任是夜清清冷冷，她终要抵达那法国马赛港。

她琢磨着第一眼看到徐志摩时要有怎样的举动，应该不太保守含羞，学着新式女性对他开朗地显露笑意，她边想边似有而无地练习着，觉得格外愉快。一时间期许和盼望像水中投石一样，荡漾开层层涟漪，张幼仪的心顿如闺妇新妆，她即要见到留英的丈夫。

通明的思绪随着一程一程的水区被截断在后，张幼仪终于带着迢迢的念想再落码头。她在甲板上探着身，不耐烦地等着上岸，然后，她的眼睛很快地定位到了一个身影上：那人穿着一件瘦长的黑色毛大衣，脖子上围了条白色丝质围巾——人群里，他显得过分东张西望，张幼仪顿时心凉了一大截。她太熟悉他对她的忽视、鄙夷，这样的态度像烙印般让她躲避不得。“他是那堆接船人当中唯一露出不想在那儿的表情的人”，她不会搞错，她郑重地想到他们已经很久没在一起了……

在海上旅行了三个星期，张幼仪感到地面在她脚下晃动，她的急切、快乐、期望是那样真实得可爱，可是等到她站在徐志摩对面的时候，所有的事情都原封不动，如初照旧，连她自己也变回呆板无趣。她顿生一种痛恨，痛恨徐志摩打击了她原本便不富余的美好；她还觉得自己有点可笑，她凭什么以为他们会有话可谈，他会尝试让她觉得她是他世界里的一部分？她被打回了原形，生活得愈低愈低……浪漫的法国是多少人心之所往的旅地，张幼仪竟没有心思瞥过一处风景，或者哪怕一秒。

徐志摩是“任尔东西南北风，我自岿然不动”，张幼仪却软肋满身——长长的岁月，照面的是他们之间保持了良久的沉默，他对她习惯了冷漠，而她只能选择承受。她表现得淡然，暗地里竟天翻地覆、山崩石裂，稀薄的爱，断然无法支撑她的呼吸。

在去往伦敦的飞机上，张幼仪因眩晕而呕吐，徐志摩嫌弃地把头撇到一边，说："你真是个乡下土包子。"不多久，他也吐了，她带着小小的怨气，照原话轻声回击了一句。

远渡重洋来到陌生的异国，她就是来与丈夫团聚的，夫唱妇随，她势必一路卑微地跟着。之后，经狄更生介绍，徐志摩从伦敦大学转到康桥皇家学院学习他喜欢的文科，他们便一起搬去了离康桥六英里的沙士顿。

然而，新的环境并未给张幼仪的生活带来丝毫起色，徐志摩照例把心思放在书本、文学、东西文化上面，张幼仪却过成了十足的佣人。

她每天都在房子里打扫、洗衣服、煮东西，努力把家张罗得更像家一点。她出门的机会，只会是坐着公共汽车去市场，再拖着食物回家里，但这也只是在徐志摩给她的生活费略微充裕的日子。大部分时候，她仰仗着家门前那个菜贩能出现，让她买些新鲜食物以准备两人日常的午饭和晚饭。餐桌上，徐志摩好似比张幼仪这个传统的女人还矜持，一言不发，同时心安理得地享受着永远被侍候的权利。

张幼仪沉默地忍受着，日复一日。可就在这死寂般的当口，她怀孕了。

"把孩子打掉。"

张幼仪如受晴天霹雳，慌张间弱弱地挤出一句："我听说有人因为打胎死掉了。"

他冷冰冰地答道："还有人因为火车事故死掉呢，难道你看到人家不坐火车了吗？"说完就没耐心地别过脸去。

第一次，张幼仪对自己丈夫的人品产生了怀疑。不过，她还是愿意体谅他。

天气好凉秋，张幼仪却觉得自己是秋天的一把扇子，只用来驱赶吸血的蚊子。当蚊子咬伤月亮的时候，主人将扇子撕碎了。

她的确碎了，几年辛酸婚姻，只她一人全情投入，顾家、生子，不说举案齐眉，但也情深意重。他自由来去，奔走不止；她紧步追随，不敢懈怠。他是她一心一意的丈夫，她却不是他实至名归的妻子。

不过事情变化的速度还是超出了张幼仪的想象，她因此面临着更大的挑战。

这天早上，徐志摩对张幼仪宣布，他的一位女朋友将来访，并且需要招待吃晚饭。

张幼仪这一整天都笼罩在前所未有的威胁中，她想起先前依着一些端倪，就以女性的直觉，察觉到徐志摩已经有了心上人。她一时开始心烦意乱，尽管如此，她还是不停地告诫自己，要以庄重高贵的姿态超脱徐志摩强迫她接受的这项凌辱，表现得坚定随和，而不是嫉妒和生气。

来的女子，头发剪得短短的，擦着暗红色的口红，穿着一套毛料海军裙装。张幼仪顺着她那穿着长袜的两条腿往下看，在瞧见她双脚的时候，惊讶得透不过气来，那是双挤在两只中国绣花鞋里的小脚。张幼仪差点放声大笑，心中同时生出无数的疑问。也借由此，她的气愤、失望、厌恶达到了极点。

送毕客人后，徐志摩问张幼仪，对那位小姐有什么意见。

“她看起来很好，可是小脚和西服不搭调。”张幼仪说。

徐志摩本来正绕着客厅走来走去，听罢，他把脚跟一转，好像张幼仪的评语把他的烦恼和挫折一股脑儿宣泄出来似的，突然尖叫道：“我就知道，所以我才想离婚！”

这是徐志摩头一次对她提高嗓门，张幼仪感觉到困惑、惊讶、恐惧一起袭来，且已完全置换了先前所有的情绪。她从后门逃了出去，夜晚冰凉的空气毫不客气地把她拥抱。她得好好想想，一个人静静。

世界再小，她无处藏身；西方再大，她无法逃离。眼前的星星点点、万家灯火，如岁月的串串珠帘，轻轻盈盈地摇摆，哀婉成曲，她有些落寞……

一周后，徐志摩突然从家中消失了，后来他托人带来口信，并明确告诉张幼仪，徐志摩不要她了。

纵然她可以坚强，此时不很合适，又没有必要。冷夜再至，她打开所有电灯，一个人孤零零地坐进屋子里，似被收留。她缩了缩身子，双臂下意识交叉着将自己抱紧，不觉间第一次落下泪来——漫无止境的等待到底也化作了潦草的泡影。她忽又觉得这和合岁月竟是这样短暂，嫁得一人，本以为一生有靠，但现在被其决然抛弃。臃肿的体内，什么蠕动了下，她把头深埋进双膝，任可见的光亮倏忽消尽，而后一径黑沉沉下去。

亲情的援手让张幼仪的无助有所附力，她应二哥的安排来到巴黎安心养胎。这一段时间，伴随着肚里孩子的生长，张幼仪的内心发生了脱胎换骨的变化。以前，她总被徐志摩“小脚与西服”的比喻弄得糊里糊涂，在乡下宁静的岁月里反躬自省，她才发觉，自己的很多行为的确表现得和缠过脚的人没有两样：思想上充满束缚，没有自我，对自己接受的传统教育和习俗毫不怀疑。可是，她毕竟不是一个小脚女人，她要发挥自己身上的特质，拿出勇气，做出改变。

临江探看，那是旧人的慰藉，忧愁浇溉着心扉，等待占满了瞳孔，唯自我低若尘埃。而张幼仪，自决定站进新式女子行列的那一刻起，就已经准备好与徐志摩当面对峙。

这是她争取、坚持得来的机会，她想让他看看，他弃她而去以后，她一直活得很好。

“如果你要离婚，那很容易。”她先对他发话，并表现出很有自制力的样子。

“我已经告诉我父母了，他们同意这件事。”

“你有父母，我也有父母，如果可以的话，让我先等我父母批准这件事。”

徐志摩急躁地摇摇头说：“不行，不行。你晓得，我没时间等了。你一定要现在签字，林徽因……”他停了一下又继续说：“林徽因要回国了，我非要现在离婚不可。”

“那……好吧。”张幼仪控制着自己的鼻息，缓慢沉着地说。

“好了。”签字以后，她以在结婚那天没能用上的坦荡荡的目光正视着他，“你去给自己找个更好的太太吧！”

张幼仪终于知道自己的丈夫真正爱的人是谁，思绪瞬时徜徉过一大段的内容，从革命到情急之切再到孝道，但她的话音中始终裹挟着某种豁达，于是末了更像和平分手的情状，是愿君顺意。

可，这一切对张幼仪来说，太不容易，像重新萌芽，像颠倒后的崛起。毕竟，她曾那样深情期许、沉默承受、着力挣扎、果决蜕变过……

洪海滔滔，后来的徐志摩是与一位叫陆小曼的女子结婚了。张幼仪则日渐靠着自己的双脚站了起来，修学上进，自力更生。她本来可以从此清静过活，却到底还是被与徐志摩的关系绑架了，任她这一生都摆脱不得。

丁零零，丁零零——张幼仪的房间，近几日总吵嚷着平时不多听闻的电话声，当再来袭时，张幼仪知道又是徐家老爷的催促，因为老太太患了严重的气喘病。

“我离婚了，不应该插手家里的事情。”她已把儿子阿欢送去硖石。

当晚，徐家老爷又打了一次电话，他的语气狂乱，但仍含着些许恳切：“你一定要马上来家里，家里没半个女人，我们不晓得怎么办。”

“为什么找我？我离婚了呀。你叫徐志摩来听电话。”

徐志摩在电话那头，声音几近失控，但口气与其父如出一辙，或者他表现得更理所当然一些：“我啥事也不会。她病得这么重，我不懂医药方面的事情。”看，这就是一句“做徐家的媳妇，而不做徐志摩的太太”之后的诟病，而张幼仪还是被激怒了。

她考虑了很久，然后开始爆发。

“你们这些人真自私，现在你们需要我了，就叫我来；要是陆小曼也来家里，那我要干吗？一个屋子里有两个女主人，成什么样子？再说，我可以留下来参加丧礼吗？那又成何体统？”

“如果我来的话，”张幼仪坚持立场，继续说，“那陆小曼到家以后，我也不会离开屋子一步，我一定要得到留下来参加丧礼的许可。”

声色之中，字字锱铢，全然是一个女人对尊严的捍卫，想必心底里该是暴跳如雷了吧。我们视见了一个于千万人家中再普通不过的市井之妇，历史的长河里也应允着这样的存在，为她新兴的主体意识在现实前果敢地冲锋陷阵。不过，这只是张幼仪一个人的战役，“好啦，好啦，你来就是了”，徐志摩如是说。

一刹那，空气凝结了，时间停止了，张幼仪虚空一样地站在自家的地板上——他的口气仍像她是他的附属物，而她，实则无法争，没有筹码，没有猎物，没有……对于当初那个问题“‘愿意不愿意’做徐家的媳妇”，她能够选择吗？

最后，张幼仪全权处理了老太太的后事，她把每样事情都打理得妥帖之极，做了本该正室做的所有事情。她也“如愿以偿”参加了葬礼仪式，以徐家干女儿的身份，称职地尽了自己的“义务”。而此事中，从开始就未被徐家真正接纳的陆小曼断然还是感到受了欺，奈何徐志摩也改变不了什么，张幼仪于此更是事不关己，她走的路越发像一个人的完成时——这就足够了。

“谈话是诗，举动是诗，毕生行径都是诗，诗的意味渗透了，随遇自有乐土。”蔡元培挽徐志摩曰。

诗人的陨落是在1931年的一天，张幼仪在前一日谋面他时，得知：“他之所以搭中国航空公司的飞机，是因为他有一本免费乘机券……中国航空公司想利用他做一部分广告。”这是很有意思的事情，因了免费机票和广告之事，碰巧撞开了阎王的门。米兰·昆德拉说：碰巧的另一种说法，就是命运。他的《玩笑》序言中有一句：“受到乌托邦声音的诱惑，他们拼命挤进天堂的大门，等身后那扇门砰然关上时，他们才发现自己是在地狱里。”估计徐志摩在几世以后，诗人的性情淡化了些也会有这样的念想。

晚上，中国银行的一位先生送来了有关死讯的电报。张幼仪站在玄关，不敢置信——“我们怎么办？”先生一语点醒了她，这之后她又料理到另一桩丧葬事宜中去。

“万里快鹏飞，独憾翳云遂失路；一朝惊鹤化，我怜弱息去招魂。”

至于陆小曼拒绝认领他的遗体，张幼仪几近讶异和气愤：“我不认为那叫爱。一个人怎么可以拒绝照顾另一半？”

儿身故后，徐老爷跟张幼仪住，又活了十三年。对于陆小曼，她持续接济，直到赴香港定居，她的理由是“我认为供养她是我儿子的责任”。

不过这些都不是她的心头大结，因为在她看来，对于失事，真相在于“到头来又是为了林徽因”——徐志摩为赶去参加一场由林徽因主讲的建筑艺术演讲会。她想起他当年就是为了这个女朋友跟她离婚的，可是难道这一路来她的豁达与宽忍都是假象吗？大抵不是，可能张幼仪介怀的是“如果她爱徐志摩的话，为什么她在他离婚以后，还任由他晃来晃去”，以及“尽管她嫁给了梁思成，她还是爱着徐志摩”。

还有后来，欧洲的故地重游使她决定要让孙儿们知道徐志摩——“这很重要”——她求助于学者梁实秋，出资出版了《徐志摩全集》。

多年后张幼仪在纽约一条僻静的街上，看见一个小胖女孩一个人攀着小铁门玩耍，两手扳着一根横栏，仅向上跨那么一步，她便认真地使足了全身力气。她突然憬然，觉得就是彼时的自己。经过最蚀骨的寂寞、最委屈的磨炼、最坚韧的忍耐、最无望的等待、最钻心的疼痛，她毅然收囊的是最沉重的身体和最强大的心灵，这重量让她抓着自我的光明意志开始往前走，勇敢而无所畏惧。

她像启明星一样，在暗夜里闪烁，隐隐照亮着她因病早逝的小孩，和第一位离婚女人以后的路。

凤凰终能涅槃

时命的转机，有时是主动权下的选择，但往往际遇的馈赠也总是不打招呼，空降而来。之前的跌宕起伏皆为伏笔，练就了一颗厚德载物之心，至此，意志和神经方才慢慢清醒过来，尔后就是谦和并执意的感戴。

“我要为离婚感谢徐志摩，若不是离婚，我可能永远都没有办法找到我自己，也没有办法成长。他使我得到解脱，变成另一个人。”

确实，离婚对张幼仪而言，是一次脱胎换骨的洗礼。

繁盛的欧洲一度成了张幼仪的蓬勃之地，她进入柏林裴斯塔洛齐学院接受系统的教育，学识、眼界乃至人生均得以开阔。尤其在回国后，德语的熟练也成为她的一项生存技能。自此，她的生命开始有了新的色彩，有了新的价值。

应时，有几个女士前来接洽，她们说希望张幼仪到上海女子商业储蓄银行做事，因为她有留学欧洲的经历和视野，又可以借助四哥张公权的影响力守住银行的钱——时下，她的四哥已升为中国银行总裁——纵然是因为“关系”，张幼仪也决定抓住这次机会。她出任副总裁，帮助银行扭亏为盈。

每天早上九点整，张幼仪必准时出现在办公室，这种分秒不差的习惯的确有着德国人的严谨之态。而在同一问题上，她对待员工却多了一份谅解：“我一向准时，其他人都会迟到，一看到我就道歉，我总是告诉他们别挂在心上。”另外，为了对银行前面的情形做到一览无余，她把办公桌摆在了最后头。

在她的努力下，上海女子商业储蓄银行复活，这使得张幼仪在上海银行界崭露头角，且名噪一时，更成为中国近代第一位女银行家。

同一时间，张幼仪还成了上海滩赫赫有名的企业家，担任云裳服装行的总经理。这家服装行是上海第一家时装公司，是她的八弟和几个朋友（包括徐志摩及“南唐北陆”在内）合作的小事业。她积极地将西方社会中最为流行的服装样式引入店里，先陈列一些样品，再配合女士们的品位和身材加以修改。不久，云裳便跻身上流公司的行列，吸引的全然是闺秀淑女、豪门名媛。云裳因而门庭若市，声名鹊起。

其实，徐志摩在给陆小曼的信中就写道：“……C（张幼仪）

可是一个有志气有胆量的女子，她这两年来进步不少，独立的步子已经站得稳，思想确有通道……她现在真是‘什么都不怕’，将来准备丢几个炸弹，惊惊中国鼠胆的社会，你们看着吧！”语词之间不乏肯定、赞赏与尊敬，实在难得，殊不知，这时间徐志摩又有怎样的慷慨之词？

张幼仪继续她的生意与投资，这些年的打拼令她拥有了异于别人的、新锐的经营视角，亦习得一身精英特质，总能很轻易地把握住商机，即便是战乱时期，业内也只有她赚了钱。这下，自然有人会跟随她，甚至将她的每笔生意都如法炮制，于是，那人也颇为富裕。

其间，她度过了一段可怕的日子：女子银行差点倒闭。时逢日本入侵，城内的人纷纷出逃，银行的顾客均来提钱，张幼仪面临现金短缺，不得不请求大一点的银行接受女子银行那栋建筑的所有权状，作为现金预支的抵押品。接着就有个顾客跑进服装行找张幼仪，要提光她才想办法为银行保住的四千元。

张幼仪走到后面找经理说：“如果这个人把四千元都提光的话，明天银行就开不成了，我们的银行会关门大吉。所以我想提议为他担保这笔钱。你能不能替我作保？我们放在保险押金箱里的钱够不够？”

经理向张幼仪保证，如果银行关闭的话，他会先把她那四千元留起来。张幼仪叫经理把这句话写下来，然后走到那位顾客面前，问他愿不愿意考虑接受担保。

顾客说：“如果是你张幼仪告诉我，你担保这笔钱，那我相信你。我不相信别人的话，可是你讲的话我信。”

于是，他们写了张契约，说明张幼仪在六个月内连同利息把这笔钱还给他。她以此方法解救了银行。接下来的半年里，她一直随身带着那张保证书。“万一我有什么三长两短，我希望发现我的人知道，我对这位顾客有责任。”

如果说，“责任”之前是她的锁链，让她有所负累、有所承担，那么现在这二字更像是她的铠甲，让她有所收获、有所作为。她以赤心挥笔的人生，无法潦草，不容亵渎，尤其是自己。

至此，徐志摩眼中的“乡下土包子”，成了时年上海女性心目中那个凤凰涅槃的传奇女子。

历史总说，爱情是没有重量的。

许因了她的爱情没有了重量，她的生命反倒显出了分量来吧！励志大剧下，俨然走出了一个坚韧的、自强的女子，而命运之神加注在她身上的光辉，更令她一个人的城池地，丰盈且富足。

爱的栖息地

兜兜转转，半晌苍生。时间无涯，几多风韵。张幼仪中年的样子，更像在例行或加固先前的生活项目。对事业，力挽狂澜；对孩子，教养有方；而她自己，在一帆风顺之余又泛起新的浪花。

三十余年的岁月沉淀，半生积蓄的美好华贵，终还是寻觅到了自己爱的栖息地。这样的婚姻于她而言，才是真正的幸福、简单、纯粹。

张幼仪嫁给了苏医生。他向她求婚时，她心里想："要是这婚姻行不通的话，对我们两个人来说都是件糟糕的事。"她的思维和活法，日渐智性，连表达也凸显心的溪水情意，觉得是自然而然、水到渠成之事，与那人适时遇上，相互靠近，彼此提携，余生共度。

当然，深谙中国传统家庭礼数的张幼仪，自是会征询儿子的意见，只见回信：

"母职已尽，母心宜慰，谁慰母氏？谁伴母氏？母如得人，儿请父事。"

曾经怎样的付出，才会赢得儿子在再婚的敏感问题上如此善解人意、通达人情的支持？如果说张幼仪的人生已然完满，那么儿子的赞同该是她心底最骄傲的贺礼。

与苏医生结合后，二人生活的状态几乎就是相敬如宾、相濡以沫，于平和岁月中默默陪伴，在老去年华里淡淡喜愉。事业上，张幼仪也是苏医生的左右伴侣。他们一起聊天，商量事情；他要考取开业执照，她便陪同着熬通宵研读医书；他开了诊所，她也在其中得力帮忙。夫妻拍档，其乐融融。

他们还一起旅行，康桥、柏林、沙士顿等所有她住过的地方，他都一并与她再走一遍。艾略特说过："一个幸福的女人犹如一个强大的国家，是没有历史的。"抛却过往的张幼仪，眼眸间不若前生，但重重的记忆确让生命的索道与痕迹打磨得越加润滑，不能再清晰，同时又不能再模糊。

苏医生病逝后，张幼仪移居美国，日日定时起床、锻炼、餐食、看报、探亲、上课、打麻将，规律有序且不失趣味，过得分外安详。

想必东方佳人的世界自有一套价值体系，丰沛而完整，如汩汩河流，滋养着她的年华。惊鸿中，不觉也诗意缱绻，听闻张幼仪声声念叨的，唯有责任。

“爱意味着善尽责任，履行义务。”

“我这辈子都在担心有没有尽到我的责任。”

梁实秋评价张幼仪说：“她沉默地、坚强地过她的岁月，她尽了她的责任，对丈夫的责任，对夫家的责任，对儿子的责任——凡是尽了责任的人，都令人尊重。”

“……因为每个人总是告诉我，我为徐志摩做了这么多事，我一定是爱他的。可是，我没办法说什么叫爱，我这辈子从没跟什么人说过‘我爱你’。”

张幼仪一向关心什么是对的，什么是错的，或许“爱”是她不曾深入探究又不愿过多夸饰的议题，她照旧“行动胜过言语”。

这或许又恰是张幼仪的高明之处，不管那个人对她多不好，她不曾想搭进自己的人生，与他同归于尽。这是最具强者主体意识的爱：从来都是主动给予，而非乞求施舍。

长寿与成功，活力与能干，开放与果决，讲求实际与独立自主——任凭如我一样的世人，对张幼仪寄予再繁多的形容，再确切的认证，再丰盛的喜欢，再诚挚的敬意，她的一生都只是她一个人的时代。她就是那样鲜活有风度，那样热爱思考与坚持奋斗。

同时代的朱安说得最伤心的一句话是，她是鲁迅的遗物。跟了鲁迅一辈子，没有享受过正常女人该有的生活，孩子也没有。她只有一个名分。她和鲁迅的书稿一样，毫无生命，只是鲁迅先生的遗物。相比朱安，张幼仪是“不幸中之大幸”者，离开了徐志摩，她活得更好，不再局限于那个囹圄……毕竟，路是走出来的。

“我生在变动的时代，所以我有两副面孔，一副听从旧言论，一副聆听新言论。我的内在有一部分停留在东方，另一部分眺望着西方。我具备女性的气质，也拥有男性的气概。”

［致最好的你］

有人说，婚姻是女人的第二次生命。那么，离婚女人对此应该如何释然呢？

不变的是，一如既往对自己进行投资，学识的、涵养的、生活的、经济的，全副武装；改变的是，更加注重内心的声音，而非一心扑在家庭、孩子身上，要始终把握生活的主动权。

正视爱情道路上的坎坷，接受它给予的教训，并继续或更加勇敢地去爱、去生活——恐怕是很多人需要与自己达成和解的难题。《独立宣言》里早有所提点：每个人都有追求幸福的权利。实然，一个人会生活、认真地生活、均衡地生活，才会有幸福的婚姻，而不是有幸福的婚姻就会有幸福的生活。你是谁，你就遇到谁。

逍遥楚天空幽谷

吕碧城
Lü bi cheng

作为女强人，她身上的迷惘似乎更多的是个人的而非时代的；她风流倜傥，固然是个人才华使然，也有贵人成全之美。就这样，她快步前行，一不小心就将时代甩在了后面，她必然就远离了世俗中心，无可避免地被舍至边缘。

明丽的街道上，几个小孩子追赶着嬉戏，不时传出欢快的笑声。

吕碧城立身在室内的窗前，眼神朝外观赏着，静默不语，若有所思。轻悠的音乐穿耳而过，她倏忽就重叹了一口气。

只听门被旋扭着打开，友人孙夫人的声音已高亢响亮起来："这时代，谁还要这东西！"她边不屑一顾地说着，边把一本邮差送来的《印光法师嘉言录》给吕碧城看了一眼，就顺手要将之丢进垃圾桶。

但吕碧城立刻说："我要！我要！"

热闹是真的热闹，静寂却也是真的静寂。一切愀然随缘，吕碧城不想身后的功成名就，一门心思染指佛禅，徒留空喧嚣。

她是被时光之河湮没的一朵奇葩，亦是一个不老的传奇。

她主笔《大公报》，被誉为"中国第一位女编辑"。她才华出众，文采斐然，以词作被誉为"三百年来第一人"。她有胆识有才干，参与创办北洋女子公学，成为"近代教育史上女子执掌校政第一人"。

涉足政界，角逐商海，游历欧美，"手散万金而不措意，笔扫千人而不自矜"，将人生的每一步都走得风生水起的她，最后却皈依佛门，勘破了世事和繁华。

“女强人”的塑造与成就是一个永不过时的话题，而一百年前的她，早已用自己的故事，为我们留下了一份完好的答案。

一抹春痕，收进千秋梦里。她在人间烟火的窠臼里，渐行渐远渐无书……

津门花艳开

人生命运，或迂回曲折，或平顺流畅，但大多时候二者相间，搭建一个宏大的舞台，包藏着神奇、诱惑与未知。但只会给出一定的时间，让你自行上台表演，或许你就成了主角，或许你就被轰下了台。

而吕碧城无疑成了这个舞台上的名角。

晦暗神州，忻曙光一线遥射。问何人女权高唱？若安达克。雪浪千寻悲业海，风潮廿纪看东亚。听青闺挥涕发狂言，君休讶！

幽与闭，如长夜。羁与绊，无休歇。叩帝阍不见，愤怀难泻。遍地离魂招未得，一腔热血无从洒。叹蛙居井底愿频违，情空惹！

恢宏有力，潇洒自如，满笔新兴词潮的意味；仰天长啸，壮怀激烈，一腔救国之志的热情。1904年5月10日，《满江红·感怀》刚一登载，就给《大公报》带来了意想不到的巨大反响。彼时的中国，尚处封建思想根深蒂固的晚清，吕碧城的这阕词自然成了女性解放的宣言，振聋发聩，并随着《大公报》如同一缕春风将天津的一池死水吹皱，生机勃现。

不过，吕碧城却不管门外喧哗，只顾洋洋洒洒，奋笔挥毫。接着，她发表了一系列格律严谨、文采斐然的诗词作品，因其迥异于一般女性的开阔视野和胸襟，赢得了一片赞誉之声。

世人惊叹，这该是怎样一位才华卓绝而又心怀天下的女子啊。

世人讶异，这竟是怎样一位刚柔相济并且早慧灵通的女子啊。

老板英敛之坐在办公室里，读着自家的报纸，捧着才女的篇篇佳作，时而沉默着悠悠叹息，时而奋起着拍案叫绝。平日占手的烟斗，现下已被冷落了多时，自从他发掘到吕碧城这一见习编辑，他看着她将《大公报》引领成为一个先锋的舆论阵地，看着她倡导兴女权与办女学，他看见她不光有胆识，还有策略，因为她明白要真正实现女性独立，“启发民智”是必需的，看见她让封闭落后的中国有了一点儿进步的气息——他内心涌动的不仅仅是满意，更是力量。

浅浅的黄昏终于推着落日投进了海河的怀抱，英敛之沉心思量：传播先从教育入手，但清末教育主要以私塾为主……吕碧城现在的国学学识已经颇为可观，京津一带，再无别的合适的学校供她深造。他似是想到了关键的什么，眉宇由先前的紧锁慢慢舒展开来，像刚和自己进行过一场认真、深入的商谈般，他重重地点了一下头，拿定了主意——何不让她去做教书先生呢！

吕碧城的才华，在《大公报》上早已崭露头角，她也早已活跃在天津上层社会，见识颇广，人脉颇众。因由英敛之的推介，吕碧城加入了办女学的行业。他们一致主张民办，并取名为“女子公学”。在得到袁世凯和唐绍仪的支持后，吕碧城被正式委任主办女学，由政府津贴，如此一来，女学在天津迅速成立起来。

吕碧城成了中国第一位女校长。

中国，仍是风雨飘摇的清朝统治之下的旧中国，从来没有一个女子如此“嚣张”地站在这样一个公共舞台上。更何况，她还那么漂亮，正应了那句“美人如玉剑如虹”！

她像泉眼一样，在历史的进步中喷涌着新鲜而激烈的水源，当然这口水源很快就遍布为一汪海洋，她流及政界，当过袁世凯的“美女”秘书，也借此跨入商海，腰缠万贯，成就了民国第一女徽商的商业传奇。

她思想之新颖、认识之深刻、行动之果敢、热情之高涨、意志之坚强，让她不得不成为一朵奇葩，绚丽于世。就她个人而言，她的人生无疑因为融入了这个历史潮流而显得精彩异常；就那段历史而言，虽然历史可能找出她的替代者，但历史选定了她就选对了人。

正如达尔文的进化论一般，每个个体都是遗传与变异的结果，如此这般，这个生物群体才能得以延续、进化。其实人的思想何尝不是呢？每个个体生下来必定要遵循社会与历史法则，但是他们必定又有自己的个性，有自己的想法。相较而言，吕碧城是那个时代遗传最少、变异最多的一个人。但幸运的是，她是顺应历史潮流的，于是她便走到了芸芸众生的前面，引领着女性走出男权社会，跟男人平起平坐。甚至，她比男人站得更高，行得更阔！

她是美貌、才华、盛誉与财富的合体，她一路高歌，唱得越努力越慷慨，惊天动地，殊不知，会不会曲高和寡？

我到人间只此回

行一城，换一城的妆，是为应景，是为悦心。

当吕碧城移居上海，这只一飞冲天的白鹤，却一头扎进了尘埃，与佛法结了缘。许是见多了繁华，便愿意听听灵魂的声音，揣摩揣摩人世梦境的事。

但波澜壮阔如吕碧城，清坚决绝亦是她的脾性。

她一定要舞斗出些声响，就像一株植物经过了花的怒放，达到过种子与果实的缄默与宽容，就算是刻意地掩饰，故作淡泊，那也会透出一股难以抑制的劲儿。如同一匹烈马一般，它一定要不停地奔跑，直到历经千回百转，将全部风景看个透！

“刚才经过您的房间，您站在门口，吩咐我送一壶热水来，等我把水送进来时，却发现您在熟睡。”

女佣的声音时有颤动，惊吓与疑惑并重。

吕碧城听闻这一番，才想起，晚上有个宴会，她本想要来热水梳妆打扮，但一想还早，便先躺下小憩一会儿，不想她的灵魂竟出去要水了。

她倒觉得有趣了，于是，笑着对那女佣似释疑似安抚地说了一句：“原来真有灵魂出窍之事。”

她倚着床，静静地思虑了起来。

当年，她曾跟母亲游览庐山，在拜祭供奉吕洞宾的仙人洞时，母亲问及她的婚事，当时得签曰："两地家居共一山，如何似隔鬼门关？日月如梭人易老，许多劳碌不知闲。"不久，她就被汪家退婚了，原因在于父亲去世，她们母女遭族人囚禁，她便写信，四处求人告援，却落得了"翻云覆雨、难以管教"的名头。后来她一直单身，岂能说不有所验证？遥想那问卜算卦之事，预料与现实如此符合，让谁不动心？

吕碧城站起身来，望着室外幽远的山景，不禁空蒙之感漫上心头。心中款款诗语已在酝酿之中，那是她和大自然的对话，凑巧的是，一只蜜蜂从窗户飞了进来。为了能够对蜜蜂观赏一番，她将纱窗闭上，不一会儿，蜜蜂竟然不见踪影了。她懊悔莫及，心还有点焦虑，蜜蜂是不是没有飞出去，毙在屋内了呢？寻了好久也没有找到，不过最后她发现屋厅的另一扇窗户开着，便稍微有些宽慰了，但她还是为自己的鲁莽行为自责。

一个小小的契机，竟引她打开了内心的另一双慧眼。后来她还养了一只名叫"杏儿"的小狗崽。一次，杏儿不幸被一个洋人的汽车所碾伤，算起来也是小事一桩，不过她却请人打官司，直到肇事者将小狗送到医院，治愈之后才肯罢休。

她的护生之路正式开启了。

不惑之年已过，吕碧城却开始学着亲自下厨，做的菜无非是将一些茄子、黄瓜之类的煮熟，然后加上面条等主食就可以饱餐一顿了，或许是心理作用，她吃起来竟然觉得味道极佳。自此，她做了一个纯粹的素食主义者。信仰，在她这里，又何时失掉过一丝一厘的价值？

仁心宽厚，节制自律，吕碧城的生命观逐渐丰富而完善，一路奔走呼号，国外的舞台她也毫不胆怯。维也纳国际保护动物协会的大会，她是唯一出席的中国人，发言的内容从禁虐戒杀谈到文明和平，慷慨激昂，风采雅逸。

她轰动了全场，却又显得那样的无意而为之。百花凋谢，她还怒放着，不是她开得久，而是她将自己分成若干朵小花，渐次开放，让自己美丽延长的同时也更久地芳香了他人。

与其说佛门是她在尘世的皈依，不如说潜修佛学是她的另一项顶天立地的事业。

回国后，她很快偕同一席志同道合之人创立了中国保护动物会，提倡戒杀和护生。而当"七七事变"爆发之际，她又四处奔走，从中国香港前往新加坡，再到瑞士，致力于弘扬佛法，希望用佛教慈悲的理念来阻止野蛮的战争。

如此又是一道大动干戈，佛缘玄妙且深沉，该不会也是吕碧城尘缘太过浅薄的来由，抑或补偿吧？

多少心事付云烟

世间事，无巧不成书。

回望历史长河，当知道吕碧城与英敛之第一次见面是在一个叫"佛照楼"的地方，相信不少今人都会哑然一笑。吕碧城半生尊崇的佛家，讲求的因缘际会，在她的感情问题上反而捉起了迷藏，又或者总是伏笔深埋。

莫愁前路无知己，天下谁人不识君。娟秀的字体、流畅的文笔、过人的志气无一不让英敛之这位爱才若渴的人欣喜不已。见信之余，更欲赏人，于是他决定亲自会面吕碧城。

是日，她着一身洋装，黑色薄纱的舞衫包衬得女子尤为标致，胸前及腰以下绣有孔雀翎，头上插翠羽数支，华贵与骄傲彰显无疑。英敛之既见青涩，却又深觉脱俗，眼前一亮。

文人见面便忍不住切磋几招。吕碧城呈上的见面礼，就是后来登报并一举引来华彩的那阕《满江红·感怀》词。其实，吕碧城初出茅庐，是有些犯忌的：一个晚辈怎能在长辈面前这般狂妄自大？幸好英敛之是个爱才之人，对世俗礼节讲究不多，便如获至宝，当下即诚请她留在报馆，并在日后纳入照顾之列。

千里马遇伯乐，于千里马、于伯乐都是幸事。生活不像想象中一般，千里马与伯乐很少成对出现，如此一来，便多了千里马的空悲切，多了伯乐的长唏嘘。吕碧城遇到英敛之不仅是一种幸运，更是一种契合之美、一种合椽之美。

随着吕碧城在《大公报》工作的喷薄而出，英敛之对这位报界新秀越发称赏："碧城能辟新理想，思破归锢弊，欲拯二万万女同胞，复其完全独立自由人格。"她那喟叹振兴故国、疾书女性自由的情怀，令英敛之切实感到志趣相投，因他也是忧国忧民之人，他们很快无芥蒂地相处起来，"革命"情愫悄然而生。

自古英雄难过美人关，更何况英敛之遇到的还是个才华横溢的美女子，他到底难逃凡尘定律，难脱凡胎俗骨，对吕碧城一度倾出爱慕之心。但英敛之是明智的，他“发乎于情，止乎于礼”，以君子之风控制住了自己的感情，只在事业上给予吕碧城以指引支持，不但对她力加拔擢，还将她引荐给当时的众多社会名流。

也许，这是一种更为理性和宽博的爱的方式吧，既不伤及妻儿，也不至于使未经恋事的年轻女子陷入难堪。而吕碧城，纵然她再感激英敛之的知遇之恩，倡导女权的她又怎么可能让自己委身于人呢？

光阴的海潮急速推进着，一朵一朵的浪花刚被激起漂亮的水涡，就又被即时冲毁，几多残酷，几多感叹。随着时间的推移，英敛之和吕碧城的关系却慢慢地出现了不和谐的音调。

原来革命友人在具体做法上的主张是截然不同的。对于变法维新，英敛之属改良派，而吕碧城是激进派；对待袁世凯的态度上，英敛之因受其害而深恶痛绝，吕碧城则对其襄助女学之举颇有好感，还一度出任袁世凯的总统府秘书。均是激烈、不可更变的争锋，两人之间罅隙渐生，言语失和，争执难免。

对于这位依然狂放不羁的女子，英敛之渐渐失去了耐心，最初的欣赏变为了如今的反感。与此同时，北洋女子公学总教习一职由比吕碧城大一岁的二姐吕美荪担任。不得不说，“吕氏四姐妹”堪称教育界的四朵金花，她们个个都是人中豪杰，女中翘楚。吕美荪性情温和，尤其是在吕碧城的对照下，英敛之此间更甚喜欢，二人便时常才子佳人般地唱和起诗词来。这场景，是否似曾相识？吕碧城看在眼里，心里不知什么滋味。

回念伊始，初见时她令他耳目一新，但日子久了，她性喜奢华、打扮新潮的一贯作风令他不喜，并因此对之批评，但我行我素才是吕碧城。终于，接二连三的事情，将两人本已不睦的关系推向了破裂。

她的手胡乱地攥着《大公报》，盯着一篇题为《师表有亏》的短文，沉默了良久。“几位教习打扮妖艳，不东不西，不中不外，招摇过市，有损于师德。当时的女教习并不多，打扮妖艳者更屈指可数……”她的目光在这几行字上倏忽间来回转了几圈，脑中不断想起英敛之曾对自己的装扮颇有微词，她顿感不悦，越琢磨越觉得这是在刻意讥刺自己。

可是，随即她就镇定了下来。她看了一眼先前备在桌上的纸笔，顺势抓起，就豪迈地写起了驳文，次日，刊于《津报》。是针锋相对、反击自卫也好，是张冠李戴、敏感多心也罢，这位孤高、直率的女子，从来对人情世故就毫无把握，她终究还是和恩公结下了仇恨，自此绝情断交。

继而，她也与二姐再无往来，一句“不到黄泉，毋相见也”，是多么决绝的姿态呀。所谓黄泉，所谓墓葬，众生的最终归宿不都是此吗？爱恨皆在这里重逢……

诗人桑德伯格说：“生活就像一个洋葱，你一层一层地剥下去，总有一层会让你流泪。”不知道抛却了恩义与亲情的吕碧城，会不会有伤春悲秋、愁红惨绿的时候？

如果有，那她在经历了与英敛之的一场以分道扬镳收尾的知遇眷恋后，与严复相遇，就像寂寞中滋生了一种暖，又像两本书的靠近。在严复眼里，吕碧城像一本充满理想的故事书，让他爱不释手；而在吕碧城眼里，严复像一本教科书，里面有高深的学问，让她望尘莫及。

方桌的这侧，吕碧城手捧老师的译作《天演论》，对其中“物竞天择”的生物进化理论和救亡图存的社会观念早已做足了功课，了熟于心。那侧的严复，款款地讲授着其间深邃入里的内涵，并时常给钟爱的弟子带来些新的消息：“英国逻辑学家耶芳斯在这方面也颇有建树，你要多读些他的著作啊。”

一日日，听师数言，吕碧城渐渐感到思想之中打开了一扇深邃的窗户，她见识了外国文学的博大精深，也对老师那浓墨重彩的讲说尤为敬仰与青睐。她总是听得很专注，一双明眸全然活跃着思考的节律，碰到疑问时语词之间也流溢其卓越的才华，因而严复对她十分偏爱：“据我看来，甚是柔婉服善，谈话间，除自己剖析之外，亦不肯言人短处。”

看，这就是严复别于英敛之的地方。他视见了她在世人面前一贯的坚韧，更看穿了她原本拥有却不擅长展现的柔软。或者命运垂怜这个全能的女子，赐予她这样一位可敬可爱的师长。

闲暇的日子里，两人在一起谈诗词、谈理想，当然也会谈儿女私情。吕碧城的婚姻自由观念，在得到严复赏识与赞同的同时，也让他担心：吕碧城二十五岁了，还待字闺中。他劝她趁风华正茂才名俱得时早觅佳偶，她却表示了终身不嫁之意。于是，一首艳情诗《秋花次吕女士韵》跃然纸上。

秋花趁暖开红紫，海棠着雨娇难起。

负将尤物未吟诗，长笑成都浣花里。

…………

“秋花”“海棠”“尤物”，起诗几处，无不是才貌俱佳的吕碧城的所指，知天命的年纪已过，严复却仍动用《九歌》《离骚》中的典故，写尽了他的怜香惜玉之情。

就这样，有一点点温暖，有一点点感动，有一点点暧昧。像远方的一盏灯，守候着她，等她靠近。不是家的港湾，但是她人生的方向。

这大概就是凡人所贪慕的柏拉图式的精神之恋吧。

可正当吕碧城对这位师长的感情由敬向爱循序渐进时，严复却热心做了牵线搭桥之事。胡惟德，这位后来的国务总理对吕碧城多次求爱均以失败收场，不是他自身的错误，而是意中人太挑剔，她要的婚姻自由必须有恋爱基础。

不是说，爱一个人就希望她幸福吗？严复自知给不起吕碧城想要的幸福，所以在那以后，唯有在心底遥祝这样一位清灵如水的女子。

而遇上严复的时候，吕碧城正处于人生的十字路口，在悲观与绝望中交织，因为严复的赏识和关心，吕碧城那颗孤寂的心慢慢复苏，再次看到了情感的美好。可惜，严复家眷甚多，而且个个刚性尤烈，严复深陷其中，不得其解，吕碧城更不敢去蹚那浑水。

至此，只谓一句：有缘无分吧。更何况他们思想精深，都是理性明朗之人。一段教学相长式的偶遇又注定随尘风飘散了，游移了，幻灭了……

吕碧城是高段位的女子，时人为之不安，后人为之焦灼——叩天问地，怎不许配给她一个同样风华正茂又可与之登对的男子？

感情的里程上，她已然走过伤恨、无奈，本就是理性清冷的女子，态度变得越发审慎、若即若离，历史也生怕来不及赶上她的尘缘，生怕她清高孤独一世……

于是，袁克文上场了。

革命的年代，动不动便是干戈相向，实在动荡。时值秋瑾被俘，与之交好且并称“女子双侠”的吕碧城自然受到了牵连，官府欲派人抓捕她。她为此整日忧心忡忡。

可她一个烈性女子，如何会圆滑、会屈从？就在这当口，护花之人出现了。

此事的正式公文恰巧落在了当时任清廷法务部员外郎的袁克文，正是袁世凯的二公子手上。对着奏报，他的眼光先是一愣，转而像是游思了起来，他读过她的文章，对其才华实为仰慕。接着他轻摇了摇头，便脚步坚定地朝父亲那里走去。

当法部公文送到直隶总督府的时候，袁世凯对来人不冷不恍，并告诉对方：“你们要抓吕碧城，恐怕得先问清楚，她是我在天津创办的女子公学聘来的新学人物，如果仅仅是因为认识秋瑾，那好，你回去告诉你们的尚书，我与吕碧城也有书信往来，是不是连我一起抓了？”袁世凯的态度非常明确，法部不敢轻举妄动，从此，吕碧城的案子也就不了了之。

真是绝望中的希望，因为袁世凯出面周旋，她终于躲过一劫。不久，她便专程上了一趟袁府谢恩。

一番阔谈间，袁世凯见吕碧城总是对自己异常恭敬，心下便知是她谢错了恩。他由椅子上站起来，指着身边的翩翩少年袁克文说道："你不用感谢我，是他告诉了我这件事。你不认识他吧？他可对你的诗词仰慕已久了！"两个年轻人的眼光迅速有了交集，神色中写满了彼此初见时的别样情怀。袁克文眼里聚集的是对一个才华与容貌非凡女子的崇拜；而在吕碧城眼里，是一个大姐姐对小弟的欣赏，她对袁世凯说——公子的聪慧，早有耳闻，如今晤面，自有见证。

儿子的心思，做老子的岂会不知？袁世凯直奔主题说："克文素好虚声，学步名士。古人讲以文会友，你是文坛才媛，今后可要给他多加指点啊。"

后来的日子，吕碧城与袁克文自然交往了开来。她发现袁克文长得温文尔雅，喜欢舞文弄墨，而且他对诗词创作确实颇有热情，她因此给予了极大的鼓励和中肯的剖析。袁克文在文学上的修为突飞猛进，他还和费树蔚等友人结成了诗社，称名"寒庐七子"，并时常邀约吕碧城一同参加诗会。但日久识人心，吕碧城太过清醒，那小男儿的多情性子怎会逃脱她的捕捉？男人身边莺莺燕燕无数，前世今生，逍遥徒然。

袁克文对吕碧城的爱意，人人皆晓。倒是费树蔚无意中打趣谈及婚姻问题，便趁机试探吕碧城是否属意于袁克文，她先是笑而不答，声色举态淡然而优雅，再被问及时，她回应："袁属公子哥，只许在欢场中偎红依翠耳。"

本以为，吕碧城会黯然伤神，她竟如何也遇不到一个可以郎情妾意、琴瑟相和之人，没想到，那仙人早已超脱，正如"碧城"本是道教话语，"居紫云之阙，碧霞为城"——所以"碧城"即是神男仙女居住的处所。原来她吕碧城心高气傲、目空一切早有出处啊，也难怪她信奉了因缘，向佛门归了去。

举世皆浊我独清，众人皆醉我独醒。纷扰的叹息声中，吕碧城继续独唱：

“生平称心的男子不多，梁启超早有妻室，汪精卫太年轻……我要的不是资产和门第，而在于文学上的地位。因此难得合适的，东不成，西不就，有失机缘。幸而手边略有积蓄，不愁衣食，只以文学自娱了！”

时年，政坛风云又起，教育必将再遭变革，报业文明艰难不改——吕碧城却乘着暮春时节的点滴小雨，踏足长城，俯瞰中国万千疆土——如此山川，如此年华，她幽幽地吟叹着，呼吸之间搁浅着什么……

一个女子，能够在众人心中赢得“风华”二字已属不易，且她还能够在红尘与理想中自由转换，更是出人意料。其实吕碧城是看穿了人世凡尘的，她懂得最好的拒绝是妥协，最体面的妥协是顺从，她不说，但她已经在跟很多的人和事妥协了，却不让人看到她的颓废、她的累，只见她的光鲜、她的闲，这不能不说是一种智慧。

而作为女强人，她身上的迷惘似乎更多的是个人的而非时代的，她风流倜傥，固然是个人才华使然，也有贵人成全之美，就这样，她快步前行，一不小心就将时代甩在了后面，她必然就远离了世俗中心，无可避免地被舍至边缘。

她参透了一切，却对世事一窍不通，终了她只能躲进佛塔中，好让心中的那片净土回光返照。

远观吕碧城，她也算是个可怜的女人，因为走得太快，最后却连一个清晰的背影都没有留下。

［致最好的你］

女强人都有什么共性特征？

性格能力上，全能、厉害、强势、风光无限好；感情生活中，落寞、无奈、失意、柔情无处归。人前的光环，把她们架得太高，推着她们与人群失散，于是，人后的灰暗地带，只能自行经走，习惯了招摇万千，却不懂得躬身安慰，给自己一个温暖的拥抱。

节奏太快，脚下的土地势必一块肥沃、一块蛮荒；气场太强，周身的空气只能一片喧嚣、一片寂寥。或许太孤勇，或许太偏执，湮没了温良，失掉了柔软，于是也面临了生活上的不平衡。

刚柔并济，不失为一种中庸，只有这样，女强人才能放下姿态，享受更多的美好，驻足更完满的精彩。

阮玲玉

Ruan ling yu

媚行挽歌

她美丽娇媚，是20世纪上海第一个有『骨感美人』之称的明星。瘦削修长的身材，袅娜多姿；细长飞挑的眼睛，不笑时流露出天然的忧郁感，有一种『烟视媚行』的风姿。默片时代，她从南方烟雨中走来，好似刚下凡间，迷茫在这个深不可测的红尘里。

“倾国影星，旧同居新同居失足同居；一代才女，写爱情演爱情非命爱情。”

当上海各大小报纸都在显著位置醒目地刊出一条爆炸性新闻——“名影星阮玲玉自杀离世，年仅二十五岁”时，一副顺口的对联也随之传遍了黄浦江两岸。

遗体出殡当天，上海各界三十万人自发拥向街头、殡仪馆和下葬的墓地，为一代影星送行。在悲凉的一阵阵哀乐中，一队送殡的灵车缓慢地向联义山庄墓地驶去。长达十多公里的凭吊队伍，唏嘘饮泣，沉痛悲愤，连绵壮观。

阮玲玉身穿她生前最喜爱的淡紫蜜色绣花旗袍，躺在精致黄铜镶边灵柩百花丛中，她走得那么突然，同样也那么安详。三十片安眠药，让一个正处在花样年华和演艺事业灿烂黄金期的女子，就这样来去匆匆地给她短暂如流星般的生命，划出一道闪亮而又稍纵即逝的弧线。

春寒料峭，迷雾蒙蒙，人海滔天，那颗风情万种的明星却再也不能发光了！

生得寂寞，死得哀荣，这真是命运跟人开的一个大玩笑。如果人死真能灵魂不灭，也许九泉之下的阮玲玉多少也会有些宽慰。世人对她的记忆，不仅仅是一个遇人不淑的女子，更是一代表演艺术家，代表着中国无声电影的最高水准。

她美丽娇媚，是20世纪上海第一个有“骨感美人”之称的明星。瘦削修长的身材，袅娜多姿；细长飞挑的眼睛，不笑时流露出天然的忧郁感，有一种“烟视媚行”的风姿。

默片时代，她从南方烟雨中走来，好似刚下凡间，迷茫在这个深不可测的红尘里。她的单纯天真决定了为爱而生的底子，恋曲一首首悲惋纠缠；她的浅薄盲目造就了苦涩柔弱的面子，闹剧一次次纷扰上演。

可她又至情至性，灵魂剔透，全然是一枚拥有无数剖面的水晶，纸醉金迷的大上海到底是要赐予她一晌贪欢，因她是天生的演员。

光华的街灯，熠熠璀璨，影院外的海报上，倏忽可见她的妖娆和喜悲——

纠缠的曲线

淅沥着，淅沥着，细碎的雨珠顺势连成了线。

没有带伞的阮玲玉，图近路疾步跑进大门，她只顾低头往前赶，却不想恰巧与正要外出的张府四公子张达民撞在了一起。

慌忙中，阮玲玉连连道歉：“对不起，张公子。对不起……”张达民先闻其声，柔和中夹带着少女的羞涩，当他立直身子，才第一次正眼看到了清水出芙蓉一样的阮玲玉。

小雨渐渐停了，但在张达民的心田里，依然是细雨纷扰，缠绵不已。处在情窦初开的年龄，他对刚才无意之间的小小碰撞，多情地感觉这是上天有意为之的一次安排。从此，他对那个蓓蕾初放般的少女产生了异常狂热的感情。

自从那天见到阮玲玉之后，张达民的脑海中便时常萦绕着她的影子，挥抹不去。婀娜多姿的窈窕身材，风情万种的弯眉凤眼，还有在害羞时低头浅笑所自然绽露出的一对酒窝，这样模样极为标致的美人，也正是张达民梦寐以求、朝思暮想的可人儿。所以，可望而不可即的浮想联翩，再加上想入非非的念头作怪，张家四少爷像热锅里的蚂蚁一样坐卧不安，几乎是得了单相思病的孤身独影对愁难眠。

于是，阮玲玉的一切行踪便成为张达民关注的兴奋点。他得知阮玲玉在学习之余经常会去虹口的昆山花园里一个人静静地看书，便开始寻找机会，就像上次那样偶遇一般，不露声色地再次相见。

阮玲玉的母亲，是张家的帮佣。父亲去世已久，她只能跟随母亲住在张家。在张家的大院子里，一道墙、一扇门，在她眼里都如同翻不过去的高山、跨不过去的鸿沟。三进三出的院落，只有下房才是让人踏实的世界，老爷少爷们的地方是另一个世界，让她感到陌生，那里的富丽堂皇时刻提醒她记得自己的卑微和渺小。所以当张达民装作若无其事却态度和善地出现在她面前时，她的心里不由升起一丝对他的好感。

他对她嘘寒问暖、关怀体贴，让她觉得很亲切。他也隔三差五地塞点钱给她的母亲。她的母亲本不是贪财之人，但想到自己的收入实在有限，又不想女儿在外面受委屈，被人瞧不起，久而久之也就收下了。而他买给她的礼物，她都拒不接受，这让他越发觉得她是个品行良好的女子，不同于一般见钱眼开的世俗女人。

出身贫寒的阮玲玉从来都不怕贫穷，但是她渴望别人的关爱，不想一个人孤独地品尝生活的苦涩，而张达民正是这应景的良人。

花前月下，湖畔堤边，少男少女的热恋如火如荼地进行着。可门不当户不对的门第意识，势必得拦一道坚硬的屏障。张达民的母亲知道了他们的恋情，也很快知道她的小儿子想和阮玲玉结婚。这让她非常气恼，主仆尊卑的观念在一个母亲的身上体现得是如此的淋漓尽致。她坚决反对他们的交往，并行使了女主人的权力，恶劣地把阮玲玉的母亲赶出了张家。

此时的张达民觉得自己既然爱了，就要爱到底，便赶来安慰她们母女，并把无家可归的她们安排在北四川路鸿庆坊的一个宅子里。一切似乎又回到了原点。看着母亲继续找人家做帮佣供自己读书，阮玲玉出去找工作的意念愈加坚定，她要帮母亲分担，学业便就此荒废了下来。张达民也说出自己的想法：他要负责照顾她们母女二人，他想娶阮玲玉为妻。

那一刻张达民把自己想象成了情圣，他坚信自己对她的爱，正如他坚信生活和婚姻是很简单的事情一样。实际上，他自己还要靠家里养着，没有一份正经的工作。

也许那时吸引他的，不是阮玲玉的爱，而是言情小说里恋人们冲破门第、忤逆家长的所谓轰轰烈烈。身为一个无所事事的富二代，他完全可以把一时的刺激当作真爱，就算将来醒悟，明白自己当初的那个出发点不叫爱情，他也不会损失什么。可阮玲玉呢？她最终答应他的要求，和他同居，是真心把张达民当作自己的依靠。她放开了矜持，放下了戒备，放弃了自己在生活旋涡中的挣扎，因为她累了，胆怯了，看不到曙光了。

快乐的时光叫人生恋，惹人沉沦。同居刚开始的一段日子，张达民和阮玲玉每天的生活就是逛公园、看电影、散步兜风，要不就是去舞厅跳舞。他是个跳交际舞的能手，她也是有文艺天赋的人，因而她被他带进舞场没多久就学会了舞步，而且跳得优雅漂亮。她越发爱上了轻盈和曼妙的感觉，她的人生似乎也随旋舞时的裙摆飘扬起来。

不过，他们很快就感到了坐吃山空的窘迫，张达民的零用钱显然越来越不足以支撑三个人的生活了，更何况，他们出入的大都是高消费场所。再加之，看不到也根本无法实现张家回心转意而明媒正娶的希望，阮玲玉的心头总是像堵了一口闷气一样无法舒展。然而，这个不学无术的纨绔子弟不久后便渐渐露出了本性，开始过起了夜夜笙歌、花天酒地的奢靡生活，给那母女二人的花费自然越来越少，阮玲玉为此更是心灰意冷。

悲剧的噱头一旦抛出，再怎样翻云覆雨也难逃离散的下场吧。人生如戏，大概就是阮玲玉现下的处境。但是她不知道她的春光来得这样及时。

阮玲玉留心报纸上的招聘广告很久了。当看到上海明星影片公司正在招募《挂名夫妻》女主角时，她心头扫过一阵清风，抱着试一试的心态参加了应试表演。对于她来说，电影完全是陌生的世界，是谋生的手段，她只是想解决温饱而已。但导演卜万苍一眼看中的，是阮玲玉眉宇间的忧思、眼眸背后的凄楚。她清新脱俗的书卷气，加上与生俱来的表演天赋使她最终赢得了演出的机会。

这时的阮玲玉，渐渐发现自己原先认定的终生依靠实际并没有那么牢靠，每每想到张达民已好几天没来过了，想到不敢面对的感情未来，她的愁绪就一点一滴地往外流露。而这每一点滴，都被卜万苍捕捉到了，他如获至宝，说道："她就像有一种永远也抒发不尽的悲伤，惹人怜爱，一定是一个有希望的悲剧演员。"

她的演艺之路就此展开。

然而，这明星的光环并没让她逃离命定的悲剧，开场的剧情怎会轻易改变或收束？

阮玲玉的生活陷入前所未有的噩梦中。夫妻之实却有名无分的尴尬，整日游手好闲的张达民……凡此种种，让罩着耀眼光环的她苦不堪言。他早已不是那个豆蔻年华初识的男子，温柔体贴成了奢望。可他是她爱过的男子，她对他好言相劝，得到的却是他的恶语伤人、拳打脚踢。

阮玲玉对张达民渐渐不抱任何幻想了。她把所有的伤痛都付诸银屏形象之中，用无语述说着她的无望。

因为，她身边的男人的确无暇看顾她的魅力……

"完了，这下全完了，我的遗产一分都不剩了。"

"我劝你找个正经工作，你死也不听，还花言巧语骗我。我说过我走我的路，你走你的桥，你还来干什么？"

"当初你们落难的时候吃我的、住我的，现在我落魄了，你成明星了，就一门心思踢开我了？把我逼急了，我去告你们母女合谋诱骗世家子弟，我看你还怎么做人！”

当看到垂头丧气的张达民进了家门的时候，阮玲玉的心就沉了下去。想不到的是，他这么快就把父亲去世分得的财产输得精光，之前为了明星的名气和颜面，她就替他还过几次赌债，如今看来是恶果自种——她看着他无赖似的躺到了床上，心中乌云密布，一气之下摔门离去。

喧嚣的上海，灯红酒绿，随处热闹。阮玲玉踽踽独行着，感到万念俱灰。她想到自己的精神偶像邓肯的一句话：“自杀是多么吸引人！我这一生时常想到自杀，但总是有个什么东西把我往回拉！”她的心思里不断重复着：“至少她感觉到有个东西把她往回拉，而我呢？”她好似在上演着自己的默片电影，悲伤的浪潮乘着从黄浦江上卷带的冷意，汹涌地朝她打来，她不想再在黑暗和孤单中摸索前行了。

她回到家中的房间，就着开水，一片一片地吞下自己常备的安眠药，然后平静地整理好自己的头发，安然地躺在了床上。这几年的一幕幕在脑中闪过，出身的卑微、上学时的沉默、母亲的艰辛、感情的挫磨、由于不会逢迎而在电影公司受到的冷落……二十岁，这个许多人还没有尝过生活滋味的年纪，她却已经积攒了生命不能承受的苦恼，这一切都要结束了吗？

当然，这一次她并没有逃避到死亡的怀抱中。也许是服药后，出于本能的身体抗拒，抑或突然生出的一丝不甘，觉得命运亏欠了自己，她开始挣扎和呻吟，声音虽然微弱，却传到了当晚一直惴惴不安的母亲的耳朵里。抢救及时，她有惊无险。

许是最后关头对命运之神的拷问，让接下来的阮玲玉在事业上渐渐步入坦途。《故都春梦》的成功，让她成为刚合并成立的联华影业公司的主力演员，并从此真正走向她思想上、艺术上的新路程，向默片表演艺术的顶峰不断攀登。

《野草闲花》《恋爱与义务》《一剪梅》《桃花泣血记》《玉堂春》……正当阮玲玉的事业蒸蒸日上之时，“一·二八”事变爆发了，战火不断蔓延，阮玲玉也跟随联华的逃亡队伍，一起搬家到了香港。

一尘山水，一尘婉转。一城荼蘼，一城再崛起。

尽是堂皇

1932年，阮玲玉出席联华公司举行的宴会，在宴会上，她认识了一个影响她命运的人——茶叶大王唐季珊。

大概，日后的阮玲玉会以为这个时刻，是香港这座新城给予她的馈赠吧。事业和爱情，终于在那样一个夜晚像两束烟花一样，绚烂在她的生命中。

强大的资金支持，是电影公司想立于不败之地一直需要的。联华为了增强竞争力，邀请大茶商唐季珊入股。而这位唐季珊不仅是茶行巨富，更是一个情场高手。当初，他能追到红极一时的影后张织云，就足以证明他在讨好女人方面是很有一套的。

阮玲玉拍《城市之夜》的时候，唐季珊经常带着一束鲜花来片场探班。当明星以来，她收到的鲜花不计其数，所以唐季珊最初的蓄意殷勤，她并没觉得有什么不妥，只是谢谢，然后收下。

阮玲玉跟随剧组到杭州拍外景，一下火车就看到了唐季珊在车站等候。他声称自己是联华的好朋友，要尽地主之谊，随后就把剧组人员送到了旅社，还给自己的“猎狩”对象阮玲玉安排了一个高级旅馆的房间。一路上，他对她关怀备至，嘘寒问暖。似曾相识的场景，她的心里不是没有察觉。

尽管唐季珊看起来真诚可靠，但被张达民纠缠得心力交瘁的阮玲玉还是不敢多想，张达民给她心中对爱情的憧憬蒙上了一层阴影。她虽然在内心深处渴望另一段感情，渴望一种新的人生，却谨慎到不敢轻举妄动。

上海的浮华烟云，随着战事的缓和，再度升腾。阮玲玉跟着联华回归上海。而唐季珊，他本来也是因躲避战乱，从上海逃往香港的大部队中的一员。如今不仅借着联华的名义，更因为吸引他的阮玲玉，他自然也是要回去的。

阮玲玉或许应该有些欣慰，她的旧城有了新人。

唐季珊知道阮玲玉喜欢跳舞，所以经常去她光顾的舞厅，然后假装碰巧遇见。呵，又是相同的桥段，相似的手腕。唐季珊确实是个情场老手，他知道，对于女人，投其所好是最简单却到位的捷径。

相比之下，虽然阮玲玉很早就出道拍电影，对世事也见了不少，但始终没学会一点识人之技，和这样一个西装笔挺、气宇轩昂的男子在明暗交错的灯光间起舞，她很难不动心。只不过和张达民的孽缘让她踌躇难安，一时间无法下定决心重新开始一段人生。

不过，唐季珊可没有多大的耐心给她疗伤。就那么一支支舞跳着，就那么一个个夜晚亲昵着，久而久之，女明星和富商的来往就成了小报上的主菜，炒得沸沸扬扬。期间，为了防止夜长梦多，唐季珊为阮玲玉在新闸路上的沁园村买下了一栋三层别墅，他的这个举动正好实现了她一直想拥有一个属于自己的家的梦想，于是，阮玲玉对这份迟到的“幸福”颇感欣慰，沉浸在了被爱的幸福之中，准备以身相许。

1933年8月的一天，报上刊登了阮玲玉和唐季珊同居的消息。

像一声喝令般，这一喧嚷，把不改逍遥的张达民，从声色犬马的花花世界招到了阮玲玉的面前。此刻，在张达民自私而狭隘的心理中，本来残存的一点对阮玲玉的爱，顿时演化成一种对她刻骨铭心的仇恨，当然断绝关系无所谓，他真正的目的是钱！

阮玲玉深知纸包不住火，心中早在等待张达民前来闹事。但为了追求自己的真爱，为了给自己寻找到一小块温馨而宁静的容身之所，阮玲玉终于斩断了与张达民的情丝。为了避免他继续耍无赖，阮玲玉诉诸法律，执意立字为据，又经过一番痛苦的斗争，张达民终于答应以“每个月贴他一百元，贴足两年”为代价，在脱离同居关系的协议上签字了。

挣脱旧情束缚的阮玲玉，满心欢喜地扑向了给自己“家”的幻觉的男人，却不知道又一场厄运即将拉开帷幕。

社会舆论对阮玲玉和唐季珊的结合多嗤之以鼻，“唐季珊玩弄女明星”“阮玲玉贪财恋富”等各种言论接踵而来。但阮玲玉毫不在乎，她自以为找到了一个可以依靠的人，真心地拿唐季珊当一家人，感到比上一次更为优厚的安全和稳定。

殊不知他深谙情场的游戏规则，只是，她却认了真。

幸福满溢的别墅里，悠悠地飘出了阮玲玉的琴声。她陶醉地弹着，眼中映现的全是她和唐季珊在音乐中翩然起舞的身姿，她觉得那是一道风景，比往昔更多一份阔绰和从容。她越想越投入，仿佛手指都要在琴键上舞动起来了。忽地，刺耳的电话声打断了她的思绪。她径直走过地毯，脸上尽是被扫兴了的不悦。她僵硬地抬起立柜上的电话，原来对方是唐季珊的旧爱——张织云。

只听张织云在那端幽幽地说，她跟了唐季珊两年，也被他玩弄了两年。他喜欢玩弄女性，而且喜新厌旧。她为唐季珊付出了自己的黄金时代，到头来终究断送了自己。她还告诉阮玲玉有一日他亦会找一个更年轻漂亮的人。阮玲玉自然没有把这一席良言当作前度对现任的忠告，她势必是听不进去的，所以也任由张织云继续长谈，并不自觉地呜咽着：

“玲玉，你我不熟悉，可我们是同行，希望你别再走我的老路。你戏演得好，比我有成就，更要珍惜自己，千万要珍惜啊！”

电话里的泣诉终于完了。阮玲玉继续在家中弹着琴，她只当那是一个过气前辈在凄凉中的怨声载道吧。

她走进了新的幸福，中国电影也进入了多产高峰。

在接连拍摄《小玩意》《人生》《归来》三部电影后，一部《神女》把阮玲玉推向了事业的制高点，也由此打造了无声电影史上的惊世传奇。

1995年中国电影九十周年的时候，《神女》被评为十大国产佳片之一。法国影评人扬·托平说：

“吴永刚的《神女》，是中国最后几部默片之一。女演员那种忧郁的美和朴实无华的演技，经导演处理后发出了光辉。一种淡淡的哀愁紧随着她的步履和眼神，在表现得最精彩的时候，不禁使人想起法国导演帕博斯特的作品。当她与富于同情心的校长会见，校长因她是妓女而不能再收留她的儿子时，感人的情绪达到顶峰。”

在《神女》中，阮玲玉进入母亲的角色，陪着孩子一起开心地读书，望着孩子表演节目，那眉目弯弯的似一剪秋水，真的是宛若少女。她的身上充满孩子气的感性和柔软的忧郁，这对于男子，难道不是强大的、致命的吸引吗？

可悲哀的是，她身边的男人对她的兴趣渐渐变淡。好似是一个转身的时间，前一秒她还在银幕前，迎接着众人的赞美与喝彩，就在热烈的掌声结束的后一秒，她一生中短暂的悠闲安稳的时光也走到了尽头。

“季珊——季珊——”

夜深如墨，阮玲玉在大门外不断地喊着，她刚开始还很有劲，叫声中充满着几许柔情和歉意，可楼内的人毫无动静，对她回来晚了像罪过一般狠狠地以冷漠处置发落。

这样的日子，阮玲玉已经受了些时日，只不过先前每次他都是在家里给她脸色，或一顿穷凶极恶的发泄。她始终不明白，拍戏到很晚是常有的事啊，唐季珊也是知道的，他怎么就不理解又突然这般计较呢？她听闻他另结新欢的传言，却不愿相信，不想接受，不敢盘问，不能离开！

渐渐地，她陷入悲伤，蹲下身子，靠在铁栏杆上，像被遗弃的小动物，孤零零地在黑夜的那一处，哭泣……她依然对他爱得死去活来，却不知他早已变心，换了玩物。

黑暗中，她呼天抢地，似在仰天长啸：问世间情为何物？然而暗夜不作声，回应给她的只有，沉默如谜。

惊石投死水

“你在服安眠药的刹那间，心里在想什么？”

“我也有过相似的遭遇，只是我没有死成。我在演这场戏时，重新体验了我自杀时的心情。在自杀的刹那间，心情是万分复杂的。我想摆脱痛苦，可是反而增加了痛苦，有许多人的脸孔出现在眼前，其中有最爱的人，也有最憎恨的人。每当一片安眠药吞下去的时候，都会有一种新的想法涌上心头。”

《新女性》是阮玲玉用心血拍完的。她在片中出演的每个镜头都是真情流露，看得人声泪俱下。尤其是最后在演绎主人公自杀时，在对旧的憎恨、对新的热爱的感情上，她表现出了前所未有的鲜明、强烈和饱满。剧组的人甚为震惊，因而闲谈间忍不住对她探问几句。

导演蔡楚生更是对她的敬业颇为感动。在影片的拍摄过程中，他与阮玲玉惺惺相惜，碰撞出许多艺术的火花，同时也萌发了没有言传的暗暗情愫。或许是因为心底同样的自卑——他没接受任何专业的影剧培训，和她一样，是“野生”出来的，却在事业上不断奋起；或许是因为合作过程中二人对角色超乎一致的深度挖掘和认真刻苦、废寝忘食的职业习惯。

拍完自杀的戏，大家都看出阮玲玉的痛苦，想要围上去，而蔡楚生做了个手势，让所有人都安静地离开，他自己则给阮玲玉倒了一杯热茶，默默地陪她坐着。就那么不言不语，只因为他认真，因为他理解，而给不起任何承诺。

他面色苍白，只得任沉默覆盖了整个夜晚。他的脑海中，放映着彼此上次的交谈：他听她讲张达民的无赖与敲诈、唐季珊的另结新欢——她的彷徨、不幸与悲哀，是那般深彻，他思量着自己如何接应得起？他想到自己乡下的老婆，他想到名声，想到前途，还想到……就沉默着吧。

“两位彼此倾心相诉的艺术家，各自痛苦地扼杀了燃烧的热情”，这估计是高尚者的评述吧。其实，阮玲玉又何尝不是想抓住蔡楚生这根救命稻草，希望他能引导自己走出挣扎的感情困境，进而一改她的命运呢？

《新女性》杀青，这夜，阮玲玉对着她面前的蔡楚生，第一次表白，却也是最后一次，诀别。她也终于做了一回“新女性”，多好！

“当一个人遭受不幸，受到打击时，真正的悲哀是没有任何的动作、任何的表情的。”阮玲玉最崇拜的舞蹈大师邓肯这样说。

又是一夜寂寞深如水。从片场回来，阮玲玉面对在灯下守候的母亲，说：“我肚子饿了，想吃碗面条。”少顷，母亲烧好面条端过来。阮玲玉目送母亲走上楼梯，听着母亲在三楼关上了房门，随即端起碗走入二楼她和唐季珊的卧室。

这时已是凌晨一点多钟了。阮玲玉拉开写字台的抽屉，取出三瓶十片装的安眠药，将三十片安眠药全部倒入碗里，接着，她把拌了药的面条一口一口地吃了下去。

回溯七年前，她不堪忍受张达民的折磨，曾服安眠药自杀。一晃七年过去了，她终究没有逃脱自杀的命运。吃下拌了安眠药的面条后，阮玲玉在桌前坐下，铺纸握笔，写了两封遗书。

写毕，阮玲玉感到精力不济，走向床边。她泪眼蒙眬地看着他，轻声问：

“你能给我一点最后的安慰吗？”

弥留之际，她感到了一生都在渴求的宁静，她的眼睛看到了那遥远的光阴。

少时，她每天都坐在自己家的门槛上，等待父亲下班。她知道，父亲回来，顾不得洗一把脸、喝一口茶，就会把长着一双美丽眼睛的女儿架在肩上，到空场上去兜圈子，向邻居们炫耀。

直到一天深夜，下班回家的父亲摔倒在屋前的积水中，手里紧抓着一个被水浸湿的小纸包，里面是给她的礼物——用彩珠串成的耳环。可是，父亲——这个世界上唯一真心爱她的男人，就那样离开了她。

“女儿，有一天，我们一家人高高兴兴地去电影院看场电影……”

“女儿，有一天，我们一家人高高兴兴地去电影院看场电影……”

她循着父亲的声音，去了。

不知道阮玲玉在吞服安眠药的那一刻，是否还渴望爱情，贪恋红尘？是否觉得这千家烟火万家灯，没有一处光明，没有一丝温暖是属于自己的？是否真的看透了俗世繁华背后的荒凉？也许她不知道，当她不再执着，放下这一切的时候，却成就了一张不老的容颜，让后世怀念。

时年，胡蝶陷入与第一任丈夫林雪怀的解约纠纷时，至少还有个理解她的父亲和一个温暖的家，而阮玲玉在最脆弱的时候，却没有一个人向她伸出援手，没有一个人看懂她笑容背后的悲哀，人们就像是欣赏着世间最美丽的花朵，却在它被秋霜笼罩时转身离去。人世间最孤独的事不是无助，而是身边的人都漠视你的无助。人言固然可畏，强颜欢笑却是最受不得的内伤，那是自己加诸自身的伤。

当社会震动喧嚣不已，当舆论浪潮滚滚而来，也许，只有最喜爱她的观众最为悲切，因而选择了追随其香魂而逝。同日，上海就有五名少女自尽，其他地方的追星成员也有多位。遗书内容大同小异：

“阮玲玉死了，我们活着还有什么意思？！”

她们在向社会和时代声讨，呼号——

这一天，是3月8日。

【致最好的你】

女人要学会保护自己，尤其是在爱情这件无从预知结局的事情上。

每一次都要全情投入，爱得够真，但不可爱得太深——损伤自己，是最得不偿失的愚蠢。

为爱而生，是少时的童话幻想，当渐渐长大后，如不是被现实彻底推翻，就是被现实再度蹂躏。因为，连自我都无法保全的人，在情感世界的PK台上，从来就没有成为赢家的可能性。

先学会爱自己，再去真挚地爱他人，唯此，爱才可能是绵长的事，恒久的事。

孟小冬

Meng xiao dong

爱转了一圈

她的人生，大半在舞台上下转换：一曲曲京剧，一场场演出，台下的观众一路看她成名成角，她耀眼极了；一程程山水，一次次沉寂，她知自己的感情地图，爱转了一圈，漂泊终有靠。

正值深秋，香港摇曳在一种风声加紧的萧瑟里。

杜月笙正筹划着举家迁往法国，那里气候宜人，冬温夏凉，很适合他的病体休养。准备工作很快就提上了日程。

“一共需要多少张护照？”

“二十七张。”

房中之人各谙其事，只有杜月笙和管家不时对谈两句。冷不丁的，孟小冬淡然的声音飘了出来：

“我跟着去，算丫头呢，还是算女朋友呀？”

一语方出，环室肃然。杜月笙一愣，像是一枚重磅炮弹在他耳边响起——一个相当重大的问题，总算被孟小冬及时提了出来。他如梦初醒，随即下了决心，并当众宣布：

“申请护照的事暂时放一放，现在最要紧的是，先尽快和阿冬把婚事办了。”

她对他散尽柔情，京剧“冬皇”的绝响后来只唱给他一人听；他待她一生关顾，黑帮大亨的爱意在她身上细水长流。至此，一生傲岸的孟小冬，故事里的一个关键词——名分，终于有了着落。

如今的十里洋场已经盖起了高楼大厦，那昔日的梨园却仿似仍声声唱着，满堂喝彩。她是一个楚楚动人的美丽女子，却从小穿着老生的装扮，一旦登台，便端庄豪爽、凛然正气，如此，骨子里的坚忍有了恰好的用场。

她的人生，大半在舞台上下转换：一曲曲京剧，一场场演出，台下的观众一路看她成名成角，她耀眼极了；一程程山水，一次次沉寂，她知自己的感情地图，爱转了一圈，漂泊终有靠。

她本就是梨园绝代声，又邂逅了两个成就非凡的男子，一个京剧名旦，一个青帮大佬，留名青史是必然之事。

她一生傲岸，争讨“名分”，为情为爱，凌厉满场，却一朝喧嚷，一朝宁静。

一场氍毹上的尘梦，一曲红尘中的绝唱，是她孟小冬。

前尘缘，今生续

北京城东四三条25～26号，住着孟小冬和她的家人。在一出《四郎探母》首演告捷后，她一炮而红，自此，名声不胫而走。为了事业的发展，她从上海乔迁到了北京。

如此想来，门可罗雀的平静，未尝不是一种难得的安逸。

这天下午，突然来了一位不速之客。

孟小冬吃好中饭刚想进内室休息，门房里男仆进来递上一张名帖，并说：“大小姐，外面有位从上海来的先生要见您。”

她接过名帖一看，“杜月笙”三个大字赫然映入眼帘，心想：我在上海共舞台演戏时，老板黄金荣倒是见过几次面，也听说黄老板手下有个很能干的徒弟杜月笙，但和他从来没有见过面，也没什么交往，他来找我干吗？

孟小冬猜不透杜月笙来找自己有什么事，但也只能让男仆去东厢房请父亲和师傅一起去门口恭迎杜先生，她自己则立在西厢房外台阶上，带着微笑迎接杜月笙。

杜月笙笑哈哈地进了客厅，孟小冬的父亲孟五爷亲自倒茶、敬烟，并先行随口与之礼貌了起来。

“黄老板可好？”

“蛮好！杜某来北京办点事，黄老板特地让我登门问候孟五爷！”

“小老儿何德何能，敢劳黄大老板挂心？”

孟小冬站在一旁，端庄静秀，对这番寒暄客套不知作何感受。她正溜神想着什么，却见杜月笙转脸过来：

“黄老板还跟我说，孟小姐在北京可红了！比起她在共舞台时，不可同日而语！”

“当年多亏黄老板的慧眼，对小冬关怀栽培，不然哪有她今天。”

“黄老板真是位好伯乐，看准了我们冬姑娘这匹‘千里马’！”师傅仇月祥也连忙说。

杜月笙听了忍不住哈哈大笑起来，眼神禁不住瞟向孟小冬那秀美的面庞：

“孟小姐一日千里，现在的功夫真是不得了！前两天杜某看了孟小姐的《平贵别窑》，就像麒老牌！敬仰！敬仰！当然，嗓子是绝对好！扮相更没话说，比起在上海时，真是突飞猛进啊！”

年方二九的少女对着这位上海滩的头面人物，越发生了疑。她觉得他的笑声里充满了她不熟悉也无法理解的气场，她想着他怎么知道京剧“麒派”人物周信芳，难道他也真是京戏迷？还有，自己唱了几台戏，他的口气全然像师傅般了如指掌——少女心底的敏感和质问显得那样可爱而理直气壮，不过听着他的夸赞，她确实感到开心。

“杜某告辞！”

孟小冬一度沉浸在窃喜中，回神之际，却只听来客将要离去。她看着他渐远的背影，一时才注意到他今天的穿扮：整齐的小分头，加西装革履，足下一双白色尖头皮鞋，倒也仪态潇洒，显出几分斯文，但走路的样子神气十足。

她不知道正是这一次，他被色艺俱佳、气质高雅的她深深吸引；她不知道从此他会像影子一样帮助、陪伴、牵念、照顾她一生；她更不知道他就是她前世今生的命中人，彼此柔情相对，在她不惑之年以后给她一场名正言顺的婚礼。

当然，她还有很多不知道的事。

杜月笙，是当时上海青帮“三大亨”之一，他师从黄金荣多年，如今开始发迹，事业蒸蒸日上，正走向高峰，他的地位似乎已超出师傅黄金荣，所以轻狂必然。此次前往孟小冬家，就是应了师傅的使唤，寻一个叫露兰春的女人，因为也是唱戏的，便去了孟小冬的居所探听消息，不过显然，醉翁之意不在酒。原本心里因不愿意受黄金荣的差使而产生的窝囊，一遭回来，竟完全变了风景，他有些欢喜。

他边从孟家往出走，边暗想着：“方才那亭亭玉立的女子，真是长得俊美，气质极好，而且一见她的人，就是那戏台上的范儿，英俊漂亮，气宇轩昂，一如当初啊。”

的确，杜月笙第一次见孟小冬是在六年前。光阴催人，他不免有些感叹，记忆拉着他的脚步，渐慢了下来，他看到了最初的——小囡。

那是上海滩一个平常的晚上。

孟小冬饰演压轴《击鼓骂曹》的祢衡，一段西皮快板“纵然将我的头割下，落一个骂贼的名儿扬天涯”歌音刚落，台下一片喝彩声。这时，观众之中一位三十岁上下、梳寸头、面目清秀而苍白削瘦、身着长衫的男子，当即吩咐手下准备花篮，《击鼓骂曹》刚落幕，便迫不及待地放弃“大轴”戏不看，赶到后台向孟小冬献花篮。

“孟大小姐，杜月笙这厢有礼了！”杜月笙双手抱拳，念着韵白，深深一躬，接着又用他那浦东味的上海话说：“恭喜孟大小姐演出成功！”他着实是被孟小冬的天赋和艺术魅力所折服，并断定这个小囡将来定成大器。此时的杜月笙已经暗下决心，一定要帮衬这位上海小囡走向京剧艺术的辉煌。

正在卸装的孟小冬，虽平日不苟言笑，此时却也被这位杜老板滑稽的举止和他那双特有明显标志——大煽风耳，逗得扑哧乐了。师傅仇月祥赶忙上前引她见礼，在师傅的敦促下，她起身接过花篮，向杜月笙还礼。

原来，她早就接受过他的献礼和他的心意。可，十二三岁的年纪，她怎么会记住一位杜老板？他不怪她，却太多庆幸。命运兜转，要遇见的人，总不会错过，这算得上幸运，更称得上一种美好——绵绵流水，于前世已淌过两个人的心扉，潺潺温情，就在今生得以延续吧。

晚风微起，温柔而撩人，万家灯火星星点点地璀璨着，正见证一场晚行的婚礼。

形销骨立、六十三岁的新郎杜月笙下了他那几乎离不开的病榻，穿起了长袍马褂，头戴礼帽，坐在手推轮椅上被推到客厅，由人搀扶着站在客厅中央。芳韵不减、四十二岁的新娘孟小冬着一件崭新的滚边旗袍依偎而立。

杜月笙给她左手戴上一枚钻戒，孟小冬脸上现出了笑容，她向边上的四太太姚玉兰行了姊妹礼，大概是感谢她当初的盛情撮合，她们本是腻友，如今礼成就真是姐妹亲人了。然后新郎、新娘同每一位来宾握手，还请人拍了些照片。

杜月笙将在港的儿子媳妇和女儿女婿全部叫回来，命他们给孟小冬行跪拜礼，以后都要称呼“妈咪”，而对姚玉兰一律尊称为“娘娘”。因为在此之前，儿女们称呼孟小冬为“阿姨”，有的叫“孟阿姨”或“小冬阿姨”，有的干脆连名带姓称呼为“孟小冬阿姨”。后来杜月笙听了也觉得别扭，就叫他们不要加上“孟小冬”三个字，一律都叫“阿姨”。那么从今天起，就要改为“妈咪”了，而“妈咪”送了他们每人一份礼物，儿子、女婿一人一套西服衣料，女儿、儿媳则每人一块手表。

至此，一生苦苦追求“名分”的梨园“冬皇”孟小冬终于如愿以偿，正式做了大亨杜月笙的第五房夫人。

望着九龙饭店二楼满大厅的亲友，孟小冬的心里感动有余、酸楚稍减。

她原本不是奢侈之人，他却坚持要叫好的酒席；她原本不愿兴师动众，他却坚持请好朋友轧轧闹猛。他杜月笙是铁铮铮的硬汉子，做得了丈夫，便担得起责任。

他懂得她的心境，了解她的苦闷，可是，他很小心地把这份怜惜藏在心底，他深知她这样“荷尽已无擎雨盖，菊残犹有傲霜枝”的孤傲女子，绝不会轻易皱一下眉、叫一声苦，倘若贸然流露同情和怜悯，她一定会羞赧而极愤然而去。

泪水逐渐朦胧了她的双眸，心上的河流，旋即就要冲出眼眶，她越发感觉受了恩惠，不禁想起第一次失败的婚姻，他到底不让她重蹈覆辙，为难自己……

游龙戏凤

一切缘分都源于戏，无论是好还是坏。一个是须生之皇，一个是旦角之王，在金碧辉煌、耀花人眼的舞台上上演了一幕幕王皇同场、珠联璧合的戏，演绎的是剧中的人生，也是她和他的戏。

一曲《游龙戏凤》赢得了满堂彩，尽管孟小冬扮的皇帝戴着长长的髯口，而梅兰芳扮的是活泼天真的少女模样，但在观众心眼里，他们就是天作之合，极其看好他俩假戏真做。孟小冬和一般女子不同的是，她在柔软细腻中带有一股豪爽之气，而梅兰芳则是有才情的美男子，带着对对方的爱慕，两人很快走到了一起。

1926年8月28日，《北洋画报》刊载了一篇署名“傲翁”的文章：“小冬听从记者意见，决定嫁，新郎不是阔佬，也不是督军省长之类，而是梅兰芳。”

洞房之中，一对龙凤花烛吐着红红的火焰，中间贴着金纸剪成的斗大“囍”字。孟小冬没有头盖，无须娇羞，一双情侣似故人相见。

梅兰芳脱去礼帽与厚呢大衣，而孟小冬却衣帽未解端坐床沿。他在舞台上与她合作时，看惯了她那戴着长长髯口的相貌，今晚烛光之下，见她婀娜多姿，独坐绣床，微微低头，脉脉含情，粉面泛出迷人的光彩，真有无限的娇美和说不尽的情意，与台上的她完全判若两人。

这时，梅兰芳忽发奇想：真不知道孟家是怎样调教出如此国色天香而又技艺超群的一位闺秀千金？当前孟小冬的须生与自己的青衣，已同迈高峰，两家绝技，一代传人。今能与她结为连理，也可算是才子佳人、美满姻缘了。

想到这里，爱极而怜，大有惺惺相惜之意，便忍不住失声轻笑了起来！

“笑什么？”孟小冬抬头娇嗔不解地问道。

他并不作答，上前替她摘帽，脱去坎肩，说：“闹了一个晚上，孟小姐身子一定乏了，早点歇着。”

她顺势站起把脸埋在了他怀里，双手不由自主地紧紧搂住了新郎的脖颈……

花烛之夜，红罗帐中，鸾凤和鸣，鸳鸯交颈。二人少不得山盟海誓，说了些愿白头偕老、终生无悔、永不变心之类的话。

人生大概都有一个黄金时代，无论是谁。而燕尔新婚，或许就是其中最佳的一个时期。对孟小冬来说，既有媒人，又与福芝芳同为正室，也可算是明媒正娶了。但在初婚出嫁之日，不敢吹吹打打、对外公开；新房则既不在梅家，也不在孟家，而是设在友人冯总裁的公馆里，故而心底仍有些疑虑。婚后，每日灯红酒绿，挚友聚会，生活上倒是悠闲自在。在不少人的心目中，他们的婚姻，由自己做主，可谓才艺匹配，令人羡慕。

然而，冬去春来，随着时间的推移，单调刻板的生活使孟小冬渐渐有一种空虚寂寞之感，她想起师傅仇月祥的话：一旦和梅兰芳结婚，就意味着舞台生命从此结束。如今有了亲身经历，方体会到师傅的话果真不差。冯公馆高高的围墙锁住她，几乎与外面的世界完全隔绝。婚后，梅兰芳照样干他的老本行，演营业戏、堂会戏，邀约不断，而她却终日无所事事，感到离开了舞台就像鱼儿离开了水似的难过。自己又仿佛是只鸟，先被师傅关在笼子里，一关十年，现在眼看正要进入“天高任鸟飞”的自由境界，却又被关进了梅兰芳的鸟笼子里。有翅难展，心情终是压抑的。为此，她曾向梅兰芳吐露想要重返舞台的心愿，他总是劝其说：“男主外，女主内，你现在自由自在多好，若是出去唱戏，朋友会笑我梅兰芳连自己的太太也养不活，你叫我这脸往哪儿搁？”孟小冬无奈，只好从此息影家园，做起了梅太太。

本以为郎情妾意，却不想是夫妇分工；本以为他对她分外体顾，却不想是他面子要紧。原先简单的合拍、偏执的笃定、纯粹的期许变为深切的真相、赤裸的寂寞、空远的眺望，孟小冬有些哀默，但渐渐也有了新的活法。

她自幼学戏，没有受过系统的文化教育，但她不甘心做个只知唱戏的伶人，于是，在小楼辟一间书房，设置红木书桌，笔墨纸砚，一应俱全。每日按时临窗习字、阅读戏本和白话小说，梅兰芳还手把手教她画梅兰竹菊，或谈论梨园掌故，或推敲戏词字韵，可谓其乐融融。此后她曾聘请一位国学老师学习书法，补习文化，后来她写得一手好字，即在此时打下良好基础。

只是，好日子还是遭了人嫉恨，只持续了九个月，便被一桩人命血案溅上了离散的珠点儿，自此串连成线，直至末路。

一个迷恋“冬皇”的男学生，因得知梅孟结合并导致了孟小冬不再登台，对梅兰芳十分愤恨，携枪闯入冯公馆，梅党中坚分子张汉举在交涉中被打死，军警又将男学生射杀，斩首示众了三天。

这一惨剧使梅兰芳对孟小冬的感情有了变化。

大多数男人的爱情都建立在不伤害自己利益的前提下，一旦觉得安危受到威胁，梅兰芳的爱情之火便暗淡了下来。

而这之后，随着他日趋撤离二人的“金屋爱巢”，孟小冬，亦渐渐看清了舞台之外的梅兰芳。

人生几十遭，只叹世间事！

1929年，梅兰芳将赴美演出，又引出一件麻烦事：孟小冬和福芝芳到底谁跟梅兰芳访问美国，在全世界面前以梅夫人的身份亮相？当时已经怀孕的福二夫人为了能够随梅兰芳出访，毅然请医生为之堕胎。事情到了这一步，简直带着血腥了。随后，梅兰芳只好两个都不带。

接着，便发生了那场吊孝风波。孟小冬得信梅伯母去世，剪了短发，头插白花，自以为既是梅家一员就该尽一份孝道，不意刚跨入大门，即被三四个下人拦阻——

“请孟大小姐留步！”

“分明是来为婆婆奔丧吊孝的，何以阻拦？”

“这是夫人吩咐下来的，大小姐请回吧！”

孟小冬本来就对佣人的称呼心生不满，这下吃了闭门羹，当然不甘心。

“请兰芳出来说话。”

“梅大爷连日哀伤过度，身体不适，现正休息。”

“既然兰芳身体不适，我更要进去看看！”

孟小冬听了非常生气，哪里管得许多，大声喊叫，说着便要往里冲。不多时，只见梅兰芳经人陪同着，慌忙走了出来。他一见孟小冬，面有难色地说：

“小冬，你就先回去吧！三两天我就过来，这里就用不着你操心了。”

“这叫什么话？就是一般亲友，为老夫人磕个头，也是应该的，你到底把我看作什么人？”

孟小冬义愤填膺，梅兰芳一时语塞，转身进了府，本欲图征得有孕在身的福芝芳的同意，却再也没有出来。

孟小冬此时是无奈、凄寒、发疯、可悲！她嫁给梅兰芳已有三年，未入梅宅一步，院内假山、花园画廊以及缀玉轩书房是个什么样子，连瞧都未能瞧过一眼。这次倒是个大好机会，不想还是希望落空，并且让她感到落空的更有所谓“名定兼祧”“两头大”这些精神支柱彻底坍塌。如今是妻是妾，名位未明，又在大庭广众之下受人嘲笑，往后哪里还有脸见人？真仿佛是从情场交锋中败下阵来一般，她的自尊心何以安置？

她嫁的男人，现下可以说是薄情、冷酷、懦弱、自私，他自以为大局为重，保护了家庭，却独独牺牲了与她的誓约温存。

而她曾也是在外面挣足面子，深得万千人喜爱，如今怎能受如此的冷遇？他的沉默让她心寒，再加上对于枪案事件还心有余悸，她决定和梅兰芳分手。

当梅兰芳来到她家时，她听着门外如急雨般的敲门声，却始终不敢开门，她害怕自己的一时心软会让痛苦延续。梅兰芳只好往出走，因着伞上的动静沙沙作响，他更是心乱如麻，实在不是滋味。他在雨中伫立、徘徊良久，后来雨是什么时候停的，他全然不知，直到东方天边微微现出了鱼肚白，方悻悻而去。

谁知道，这一离去，竟然就成了此生的永别！

法国有位小说家曾说："女人与具有阳刚之美的男性结合，较易幸福；男人则与温柔的女性结合，易得圆满。女人若是对和她一起生活的男人的气力和勇气不表赞美，而能感觉真正幸福的，似乎还没听说过；男人若是和所谓'女中丈夫'结合，而能获得最高幸福的，也是前所未见。"

确然，两个好角儿，在艺术上可以十分相配，相得益彰，但不一定能组合成一个完美的家庭；全是角儿，谁又能屈尊？久而久之，必生风波。

空气中夹杂着世人的感叹与惋惜，本是神仙眷侣的一对，也不得不劳燕分飞。传奇落幕，而那孟小冬的傲骨、怨气与悲绝，在历史的隧道中，却一遍遍震动！

"今后我要么不唱戏，再唱戏不会比你差，还是头牌；要么不嫁人，要嫁人，就嫁一个一跺脚就满城乱颤的！"

一往而情深

孟小冬，她有她的傲岸：与梅兰芳，她有了“名分”，却名不副实，最后争得两相离散，情断义绝；与杜月笙，她先委身于他，过得平淡真切，竟还是言语了，要得“名分”。

也许，命运是要补她一份完整，好让这声声傲绝之人，与自己握手言欢，不过于苛难，因为骄傲也是无底洞。也许，她和杜月笙过得平淡真切，也是命运的一份馈赠，他“情不知所起，一往而深”，她便陪伴左右，直至终老。

“据说结婚还可以冲晦气！也许身体就此会好起来呢？”

婚礼前，面对家人的阻挠，杜月笙这句最具说服力的话，似乎还没有从空气中完全散却，他的病情就再度加重，迁往法国的事也就不再提了。

这段时期，杜月笙习惯到孟小冬房中吃由她煎好的汤药，一边大口喝很苦的药，一边听她自拉自唱几句京戏段子。服药以后，他俩常在房中卿卿我我，窃窃私语，杜月笙累了，就倒在孟小冬的床上昏昏沉沉地睡。一对老鸳鸯，情浓意蜜，难舍难分。

盛夏再来临时，杜月笙的病情进一步加重，又突然中风引起下肢偏瘫，不能起床。他自知病入膏肓，来日无多，对打针吃药都失去了信心，一律拒绝。

“你们这样是让我多吃苦头！我生平最爱面子，长此下去将失面子。”

姚玉兰来到杜月笙的病床前，问他现在最希望的事是什么，他说希望阿冬过来说话。

孟小冬来到病榻前，杜月笙一把拉住了她的手，动情地说：

“我走了以后最放心不下的就是你！阿冬，你是梨园的‘冬皇’，这几年却天天在侍奉我，你的‘绝响’也只唱给我一人听，这给了我生平最大的安稳。我这辈子已心满意足了，只是太委屈了你……现在我又成了穷光蛋！抛下你孤身一人，我……”

“你放心好了！应该是我欠你杜先生很多很多。受人滴水之恩，须当涌泉报答。”孟小冬安慰道，并以手示意，不让他再说下去。

她看着他体虚气弱，看着他泪水直流，依稀想起他横扫上海滩的几十年，骨子里的邪气、霸气活像戏文里的架子花脸，她果真嫁了一个一跺脚响三响的人物，可如今他却行将就木。

他是长久以来待她最温和的一个男人啊。

当她与梅兰芳曲终缘尽，悲愤离婚，那时，他是腻友姚玉兰的丈夫，上海滩的闻人，不过还是为她出面，在伤痛婚姻上争一口气的可信任的朋友；随后一纸离婚的契约，是他从旁佐证，他还劝她，“你要仔细思量”。他是这样细腻绵延的温情男子。

1935年，她跟从余叔岩学艺，老派的梨园规矩众多，所谓的尊师重道，是余家上下都必须打点。当余家女儿出嫁，她送出满堂的红木家具，但是彼时她已久不演出，所花费的，无不是他无声的支持。

这些细细碎碎的关爱与呵护，对于感性的孟小冬来说，不是没有感觉的。于是，在杜月笙过六十大寿之时，久未登台的她特意排练半年之久，来应他的邀请登台为其演出，且足足唱够了八天的压轴。她始终要好好酬答呵护她的人。

他是她一生的知己，二十多年了，他之于她全是情深意重，始终润物无声地爱慕着她，怜惜着她的甘苦，让多年漂泊江湖的她感念于心。

于是，后面的日子，是她要酬答他的知寒知暖。入杜公馆之后，她对一切都淡而化之。她一直沉默寡言，对一切看不惯、听不得、受不了的事情都漠然置之，只反过来，细细呵护陪伴着这个别人眼里霸道、于她却柔情万千的男子。

从上海到香港，从繁华到衰败，几十年风霜雪雨，素衣侍疾，一直在他身边不离不弃，他是不是大亨与她无关。两人都是看尽人间春秋冷暖之人，深知最为可贵的是何物何情。就这样在对着、看着、慕着的时光里，你怜我，我爱你，真正地忘情于彼此。

她说：与你的前尘事，且行且慢，就让我后来日夜守护，至死相伴以续吧。

她说：世人面前的狂妄霸道，在我这里，你全然隐了去，教我如何不感念？

她说：往日是你的心、你的怜予我庇护，如今换我给你心、给你怜，我们莫念经世洪涛，只顾执手之暖！

在此，她辉煌的生命，趋于平和，走向了暗淡，也回归了爱的围城。所有的哀怨，不过是看着她的良人慢慢走向死亡。

曾经沧海，风流过往，都已成旧年烟花，灰飞烟灭，无从追忆。我们便只有在偶尔听到黑胶老唱片里那苍凉的唱腔时，才会想起那个特立独行的名伶，她曾经是一位雍容正气的绝对佳人，然后是一名历尽辛酸的红颜静女……

【致最好的你】

因缘际会，有时便是人生的诸多参照与解说。

“爱转了一圈，到下一个路口，你要勇敢往前冲，失去了一个不爱你的人，你应该感觉幸福。”青春的歌谣教给我们的是，要像从未受过痛与伤害一般，去爱，去付出，去拥抱下一个世界。

驿路繁花，藏匿在你的信心和勇敢、希望和慈悲之后。

不要害怕看不到想看的风景，要勇敢执着地往前走；不要担心遇不到想遇的人，要真诚善良地相信爱。认真行脚下路，即是一切的出口。

胡蝶

Hu die

路要自己走

她是懂得入世的美人，而非纯粹的演员；她是深谙规划的熟女，而非情绪的傀儡。她是目的主义的先行者，不会随性而为，只会理性行事；她是自爱主义的高尚者，不会妨碍别人，更不会伤害自己。

云集的美女，让20世纪二三十年代的旧上海显得分外香艳。十里洋场的银屏上，除了红极一时的阮玲玉，还有一个让人过目不忘的胡蝶。

1933年，民国第一次选美活动——“电影皇后的选举大会”上，胡蝶以21334票评为第一名，而阮玲玉只得第三名。

看看老照片，不难发现，胡蝶的样貌不在阮玲玉之上，后者秀气中有一种妩媚，内里妖娆与悲哀的性情并存，是很让男人迷惑的。胡蝶珠圆玉润，脸庞大，虽是端庄，却不耐看。她并非天下第一的姿色，却得第一美女的称号，原因何在呢?

说起来，就要看胡蝶对自己的修炼了。

在事业上，她有目标、有规划，科班出身，循序渐进；在处世上，她顺遂、圆润，人缘佳，交际圈子泛；在性格上，她淡然、勇敢、低调，不炫耀；在感情上，她理性、忠贞，对男人不仅有辨识力，而且懂得较量之技。

如果说，上天赐予胡蝶一个更有家教的成长环境是她优于阮玲玉的先天条件，那么后天在功课上所付出的努力，便是她完胜阮玲玉的关键。

于是，时代的银屏塑造出一个对自己经营有方的熟女，聪明不露，才华不逞，她一心只顾耕耘，精进不休，终享受着收获自来的得意。

这个一生翩跹的女子，她的魅力是不断向内扎根的，她一路沉默，心里却时时高唱：善待自己，永远不为别人而活，更不为别人而伤害自己。

这个炙手可热的明星，她的奇迹是分外独特而罕见的，流言蜚语里，她游刃有余，片叶不沾身，行到水穷处，坐看云起时。

“人的一生其实是很短暂的，再绚烂、再凌厉都不过是个瞬间。”——一颗宁静的种子，款款生长着，竟能在繁华飘摇的年代，颠倒众生。

你若盛开，清风自来

若一个人知道自己想要什么，那么他就比其他人容易成功得多。

十六岁的胡瑞华，感到人生的第一道闪光照亮她的心灵时，是在看到中华电影学校招生广告的时候。她的眼前似乎出现了一条通向梦想的康庄大道，聪慧的少女决定开辟它，于是在征得父母的同意后第一个去报了名。

参加面试之前，她做了充分的准备。房间里，只见她沉稳地坐在书桌前，直立着背，右手擎着笔，在面前的本子上不时认真写下什么。她的思路不急不慢地展开着。

“首先，从名字着手。一个演员要让别人知晓他、认同他，以至喜欢他，除了具备深厚的基本功之外，还需要一点点运气和机遇以及一个响当当的名字。那么我呢？要做演员的话，本名胡瑞华，没有什么新意，也难以让人一下子记住它，但是改成什么好呢？”

“‘胡琴’？”

这个名字在她心中翻腾了很久，但又觉得不怎么舒服，总像是被人拉来拉去的。正当她发愁的时候，两只蝴蝶从窗前飞过，突然灵感来了！

“就叫‘胡蝶’吧，希望自己可以像蝴蝶那样自由自在地在广阔天地里翩翩起舞，并且带给人们美的感受。”

在随后的日子里，这个名字一直伴随着她在电影的世界里自由飞翔，飞过大江南北，飞入千家万户。

“其次，电影演员必须美丽。”

胡蝶拿出自己在报完名后回家的路上买的一些化妆品，她平时是不用的，但凭着女孩子对美的天然领悟，她开始学着对镜理红妆，虽然动作稍显稚嫩，但天生丽质的她稍微一修饰便可称得上是美若天仙。对着镜子，胡蝶不敢相信镜中人就是自己，一种前所未有的自信油然而生。

面试的日子终于在忐忑不安中到来了。胡蝶起了个大早，梳妆一番后，就在爸爸妈妈的陪同下来到考场。这时候的胡蝶虽然表面上看起来镇定自若，心里却像有一只小鹿到处乱撞，十分紧张。当主考官念到胡蝶的名字的时候，她的紧张却奇迹般地消失了。整理了一下自己的着装和思绪，她迈着自信的步伐向考场走去。

胡蝶走进考场，看见主考官们一字排开地坐着，想着他们都是中华电影学校里非常资深的电影人，在崇敬之余，心里又多了几分坚定。主考官们让胡蝶自己选择动作，自由表演，或悲伤，或哀愁，或惊喜。

或许胡蝶就是一个注定要站在镁光灯下的人，她放开了自己，演得认真而投入。表演完之后，考官们被这个女孩子震惊了，没有受过任何训练的胡蝶竟然表演得如此到位。喜悦时，双眸清澈真诚，酒窝若隐若现，让人顿觉神清气爽；悲伤时，双眸哀婉凄凉，动作楚楚动人，让人顿生护花之意。胡蝶身上有着作为演员所应具备的特质，再加上她修长的体形、高贵的气质和姣好的面容，这一切都给考官们留下了深刻而美好的印象。胡蝶顺理成章地被录取了，她终于如愿以偿地开始了寻梦之旅。

胡蝶在学校里如痴如醉地感受着电影带给她的强大冲击，如饥似渴地学习着每一门课程：影视概论、导演术、电影摄影术、西洋近代戏剧史、化妆术、舞蹈以及发声训练等，磅礴的激情充盈着她的身心，她势必要将自己全面武装。

在表演之外，她还学会了骑马、开车之类的技能，并加以勤勉的练习。

有时，想开车了，但没有可以实践的地方，她就突发奇想，叫一辆出租车。在市中心的时候，人多车多，就由司机开；当汽车开到偏僻的地方时，胡蝶就开始给司机“代劳”了，司机也乐得清闲，就同意了她的请求。她的胆大、顽皮、锲而不舍，由此可见一斑。

如果说，早期的聪明与付出，让她在演员路上有备而来，让她习得了一身“武艺”，那么后期银屏之行，就是她练艺的舞场，从群众演员到几个短镜头的配角再到女一号，每一步都走得谦恭而坚实。对于这位虔诚的电影新秀，万花筒式的银色世界正张开双臂热情地拥抱她。

你若盛开，清风自来。一部《秋扇怨》，让胡蝶真正飞进了摄影棚，正式开始从事电影工作。成功出演女主角，无疑是对她先前不懈努力的肯定与嘉奖，“生就的性格是要认认真真地做事”，是她践行了一生的原则。

在此之后，她成了邵逸夫的哥哥邵醉翁创办的天一电影公司的台柱。不过，她心中暗有信念：在最短的时间内，得到最大的磨炼。

胡蝶后来在回忆录里说：“我认识到一个演员的成就要靠自身的努力与修养，其中也包括处世为人。我在摄影棚一向是服从导演的指挥，努力与导演合作。但仅仅这一点是不够的，演员的成功还需取决于影片本身的艺术价值、导演本身的艺术才能和眼光，可说后者是前者的土壤。”

她的确是个难得的有心人。当别的女星为情事苦恼时，她已经在为自己的前途做更深层次的考量了。在天一电影公司的两年中，她越发确证了最初加入时的担心：公司过于注重从生意角度出发，粗制滥造之风使人难成大器，在艺术上更鲜有突破性的进展。

许是时运垂怜，抑或是金子的光芒太过耀眼，老天自要给她一个跳跃的台阶，不是意外的馈赠，而是应得的果实。在收到明星公司的邀请函时，因着天一电影公司正在力捧新影星陈玉梅，胡蝶便顺利与之解约了。

识时务者为俊杰，通机变者为英豪。有了更大的舞台，这只翩翩蝴蝶更是下足了功夫，她发现自己学语言快，就多种方言同时兼修，还伺机跟京剧表演艺术家梅兰芳先生讨教了一些表演时要注意的细节问题。这般勤奋好学的胡蝶，时代怎么可能负她！

1931年，有声片取代默片形成新的电影潮流，胡蝶主演了中国第一部腊盘发声的有声电影《歌女红牡丹》，这个有幸第一批吃了螃蟹的人，对于电影事业的回报便是继续付出更多的努力，演戏配音时，她在录音棚一待就是七个小时。

1932年，在中国第一部彩色片《啼笑因缘》中，胡蝶开创了一人饰演两角的先河，该电影的原著小说作者张恨水对之十分称赏：

“胡蝶为人落落大方，一洗女儿之态，与客周旋，言语不着边际……真情练达，性格深沉，机警爽利，如与红楼人物相比拟，则十之五六若宝钗，十之二三若袭人，十之一二若晴雯。”

如此之后，这只翩翩起舞的蝴蝶便开始一发而不可收地震动着电影界，成了影坛无人能及的一姐。成功的浪潮在她这里异常汹涌，光辉的翅膀在她这里分外有力，从古装片的风起云涌到武侠片的热潮滚滚，从无声片到有声片，胡蝶伴随着稚嫩的中国电影一起成长，“电影皇后”的头衔也就自然降临。

一张诱人的面孔，气质高雅，皮肤细腻而白皙，一双柳叶眉下长着两只水灵灵的大眼睛，尤其是脸上的那对小酒窝，让她赢得了“梨窝美人”的称号，温文尔雅的风度让大家觉得“此女只应天上有，人间哪得几回见”。各大报纸杂志上，印满了她的头像，人们纷纷议论，并对她成熟的演技也颇加赞赏。其实，她的演技本没有阮玲玉精湛，但她懂得发挥自己后天的长处，将为人处世之道等客观因素运用到极致。

她是懂得入世的美人，而非纯粹的演员；她是深谙规划的熟女，而非情绪的傀儡。她是目的主义的先行者，不会随性而为，只会理性行事；她是自爱主义的高尚者，不会妨碍别人，更不会伤害自己。

胡蝶就是这样的女人，她知道自己要什么，也清楚自己在做什么。

千金散尽的插曲

电影是胡蝶传奇的根源，但胡蝶的生活中并不仅仅只有电影，她和国民党特务头子戴笠的那段往事，以及那抹也抹不清的是是非非成了胡蝶传奇中最精彩的一部分。

这段传奇像极了她演绎过的老电影，虽刺啦啦地响个不停，看完了却总是有回味，那么的惊心动魄。

和戴笠的纠缠是从那三十箱珠宝丢失开始的吧！

日本人找胡蝶拍电影，在爱国心的驱使下，她编了个理由打算偷偷离开，并将前半生的积蓄打理成三十个箱子托人运往内地，不料三十个箱子却在半路被劫走，得知消息的胡蝶大病了一场。丈夫潘有声是个长情温暖的人，对她安慰道：“没关系的，我会想办法养好这个家。”说着还把自己生意上的规划讲给她听，胡蝶听后，略感安慰。

三十箱金银细软的丢失，因凝结着胡蝶的心血，而令她痛心疾首，但对于另一个人——军统老板戴笠则是天赐良机，喜之不尽。他对银幕上的胡蝶早就爱慕已久，如今终于拾得了为心中的女神效力的机会，自然喜出望外。

就这样，在一次朋友家的宴会上，二人“巧遇”了。

“如果我没有认错的话，你就是胡蝶女士吧！”

胡蝶笑着点点头。她几经周折，打听到戴笠有办法帮她找回箱子，便硬着头皮前来赴会。所以，眼前的这位，虽是第一次见面，她心里却早有知晓。

“十几年前我就是你的忠实影迷，我看过你演的电影《歌女红牡丹》，还有《空谷兰》！胡女士是中国唯一被公认的电影皇后啊，今天我有幸看到敬仰多年的明星，无论如何也要请你赏光共跳一支舞啊！”

话音刚落，戴笠一把握住了胡蝶的手。

这举动可算唐突，胡蝶觉得有些不自在，可是戴笠死死握着她的手不放。既知无力挣脱，胡蝶只好和他跳起舞来。戴笠紧紧盯着胡蝶，眼里散发着火辣辣的情欲，胡蝶却显得心不在焉，神色冷淡。一曲跳完之后，胡蝶婉言谢绝了戴笠的第二次邀请，径自走到桌前坐下。戴笠痴痴地盯着胡蝶离去的背影，神情有些怅然……

他明白“心病还需心药医”，要想赢得美人青睐，还必须在丢失的箱子上面大做文章。在这里，难说飞扬跋扈的戴笠没有动真心。宝箱里的东西只追回了一部分，戴笠却按照清单从国外买回了同款补齐，带了这些宝物，他再次来见胡蝶。

宝箱被打开的那一刻，胡蝶百感交集——虽然这些物品与自己原有的相似，却是全新甚至贴着商标的，她瞬间明白了戴笠的用意。

推辞吗？乱世之中，面对眼前强大的势力，一家老小的安危福祸作何保证，处境的艰辛容不得她作出掷地有声的拒绝。接受吗？见惯风云的她不会不清楚接下来的代价。一点儿都不动心吗？恐怕没有女子能够在这样感情与物质的双重夹击下纹丝不动。

她是个多么玲珑的女子。如此场面，应该是人生仅有的一次吧，她却表现得驾轻就熟，没有慌张、畏缩，反而更为镇定与理性。当着戴笠下属的面，她微微颔首，轻声说："谢谢。"

或许，她早就猜到了接下来的人生命运必将改换面貌，可她还是隐忍地坚定着：这是一段不得不走的路。

一切进展得似乎还算自然而然、顺理成章，然而戴笠很快收起了耐心，紧锣密鼓地施行起他的"追爱"计划：先是调虎离山，再是金屋藏娇。

1944年春天，潘有声接到了商人们梦寐以求的专员委任状和滇缅公路的特别通行证，他知道戴笠是要将他遣离胡蝶，但慑于淫威，无可奈何，只好含泪告别胡蝶，咬着牙外出奔波。明知妻子羊入虎口，可是年幼的孩子和白发的老母也得顾及啊；明知生不离死不弃，可是大难当头，两人的舍义求生也算默契吧！

终于，戴笠和她"走在一起"了。

为了避免别人的干扰，同时也为使胡蝶忘记过去，免去对丈夫的负疚感，戴笠精心安排，让胡蝶搬进了他为她重新修建的一幢环境清净、风景优美的花园洋房。为显示他的真心，博胡蝶一笑，修这所房子时，他要求汽车可以直达门口而不爬坡。为此，他亲自测好地形，凡车辆经过的地方，居民们都得搬走，房子一律拆迁。除此之外，他还亲自设计在斜坡上用石块镶成“喜”和“寿”两个大字。整个庄园，各种奇花异草、假山喷泉应有尽有，令人心旷神怡、赏心悦目。为了保密，同时也为了防止胡蝶和外界接触，戴笠特地在别墅外围修建了电网、水渠及隔离外界的围墙，围墙外还设置了岗亭。

他是费尽心思、用心良苦，而屋内的佳人却黯然神伤。

胡蝶每天透过洋房的窗子，看着这隔世的桃源，像只落笼的金丝雀一般，心里想念着不能相见的丈夫。自由、希望、信念还是事业、家人……艰难的日子，她靠着什么过活了下来？发生在阮玲玉身上的逃避与轻生，在胡蝶身上却完全没有痕迹。

她不爱戴笠，却被迫与他过起同居生活。这也是她与阮玲玉的不同。阮玲玉无论与哪个男子在一起都是为了爱，如果没有爱便宁愿自毁。胡蝶则不然，她在被幽禁的日子，在被戴笠强占身体的日子，可以一滴泪也不掉地等待时间来化解这场屈辱。

戴笠对胡蝶说：“我今生最大的心愿是与你正式结为夫妻，为了你，我什么都可以不要。”

胡蝶对潘有声说：“虽然我们办了离婚手续，但是我的心是永远属于你的，姓戴的只能霸占我的身体，却霸占不了我的心。”

然而，有情人之间漫长的告别——终于要结束了。

1946年3月下旬的一天，天降大雨，筹备着和胡蝶婚礼的戴笠死于空难。

随着飞机的爆炸声响起，一段是非莫辨的情感化为尘埃。

朋友们说她是形势所逼，忍辱求生；影迷们说她是羊入虎口，红颜薄命；革命人士说她是道德败坏，委身反动。她轻轻地扬起头，她没有输。

后来在胡蝶的回忆录中，她没有提及这段历史，只是写了些无关紧要的小事情，大多来自于工作，这或许一个“圆润”之词就可以解释了。而阮玲玉，死后还要写遗书，把所有事情说得清清楚楚。一个努力记住痛苦的人，她必然总在痛苦中生活。阮玲玉输就输在这里。想20世纪30年代红遍上海滩的那些电影女明星，自杀的不少，精神分裂的也不少，而受了那么多磨难的胡蝶能一直活到老真是不易。

胡蝶是一个有经历的女人，也是一个懂得善待自己的女人，她永远不会为别人而活着，更不会为了别人伤害自己。

一生至爱

当飞机徐徐飞起，山城变得越来越小，嘉陵江成了一条线时，心中不免起了眷恋之情。人有时是很奇怪的，当你离开一个地方时，会在一瞬间将在这里经历的苦难淡出，而只留下美好的记忆。

胡蝶是这般淡然的女子。她生命的哲学里，进退、分寸，温顺、乖巧，坚韧、理性……也许这些都不是她最喜欢的，唯有那平静的明媚、清浅的喜愉是她至为称心的。这应该也就是她能与潘有声在平淡而温馨的婚姻中甘之如饴的缘故吧。

默念着“此生只有两个至爱，一个是丈夫，一个是电影”，胡蝶飞回了潘有声的怀抱。

迁居香港后，两人重新开始商务活动，筹办了兴华洋行，其中一项主要业务就是经营“蝴蝶牌”系列热水瓶。为了赢得顾客，打开销路，宣传这一产品，胡蝶倾入了全力，她与潘有声一起频繁来往于南洋各地的展销会和洽谈会，参加各种商业应酬。由此，他们的生意日渐红火起来。潘有声兴奋之余，忍不住要夸赞妻子几句，胡蝶心里明白，“与其说是我经营得法，不如说是热情的观众对我的爱护”。

的确，观众没有忘记胡蝶，而胡蝶也不愿割舍对电影的热爱。

“有声，我现在还能不能演电影？”

“你呀，真是本性难移，难怪有人说你生来就是拍电影的……”

“知我者，夫君也。我这个人吧，一提电影心里就痒痒的，你说怪不怪？”

就这样，在潘有声的支持下，胡蝶重登心爱的银幕，但她很清楚，年过四十的自己不再是舞台上的主角，既然年纪大了，就要演适合自己年龄身份的角色。于是，她逐渐改演中老年配角，虽然戏不多，但她依旧认真。

平常心为她铸就了另一段辉煌，即使片约不断，她也还是保持着一贯的学习姿态，不断地吸纳新的知识和技巧，兢兢业业地努力发掘自己的潜力。她对电影的热情，没有因年岁流转而淡化，没有因兵荒马乱而斩断；她对自己的修炼，没有因出道深久而减弱，没有因功成名就而放松。她是低调的高段位女子，要求自己一生保持修行，往前探索。

她是尤其值得眷顾的女子。

于是，李翰祥导演的《后门》选择了她，并让五十二岁的她登上了“亚洲影后”的宝座。她从不事张扬，但是光环一直紧紧追随着这位孜孜以求的女主角。

1960年，《后门》在香港北角的皇都戏院首次公映。

当日，离演出时间尚早，戏院门口却早已摆满了送给演员的花篮。晚上八点，观众纷纷涌向戏院，门口人头攒动，水泄不通。九点半，一首插曲《天伦歌》拉开了热闹的帷幕，接下来放映《后门》。兴高采烈的观众很快就被故事情节所感染，沉浸其中，欲罢不能，结束时全场报以热烈的掌声。这样的场面让胡蝶激动不已：“虽说在我的一生中曾经历过很多激动人心的场面，但那是我表演的高峰时期，而《后门》首映的盛况是在我离开影坛十年后，又是我所不敢奢望的，所以更难忘记。”

意外的降临，空前的盛景，让胡蝶受宠若惊，在她眼里，观众的认可就是敦促她不竭攀登表演艺术高峰的动因，而今他们给了她太热情的回应。

好戏还在后头。同年，第七届亚洲影展在日本东京举行，《后门》被列为参展影片并荣获最佳影片金禾奖，而胡蝶被授予最佳女主角。台上的胡蝶捧着金灿灿、沉甸甸的奖杯，面对着众多摄影记者，本来就端庄美丽的她，现在看起来更多了几分雍容华贵。外表平静的胡蝶，内心波澜起伏，从影三十多年来，已届中年的她，第一次站在国外的颁奖台上，那种激动的心情无法形容。

她的激动是无声的，她的热泪是无声的，正如她的悲恸也是无声的。

只因，这一幕，最爱她的那个人，看不见了。

在潘有声住院的日子里，胡蝶的心灵备受折磨。

这是胡蝶一生中精神上最痛苦的日子。潘有声的真正病情——肝癌晚期，她一直瞒着他，每去医院探望都装出轻松的样子，还和他计划着病愈后去欧洲游玩疗养。

“有声，我昨天在报纸上发现了一条广告，有一家公司开办了去欧洲旅行的专线，只要把钱交给他们，一切吃喝住行都由他们安排……等你的病好了以后，我们全家可以去旅行一趟呀。你可是从来没有去过欧洲呢。”

“我这一辈子，怕怎么样也不会有你当年出访欧洲时那么风光了……”

“那是两回事，我还是想和你一起出去啊。”

“那好哇，我好了之后，一定陪你逛遍欧洲。”

多少暖意，多少温情，执手岁月，到老却在床榻边一起憧憬着爱的旅程，如经年之前，如岁月最初，多好。米兰·昆德拉在《不能承受的生命之轻》中说：幸福是对重复的渴望。安于日日的平和，无波无澜，却是彼此牵顾体贴的良果，这何尝不是一种智慧的经营？长于绵长的温柔，不论何时何地，我都有爱你的能量，这何尝不是一种最深沉的爱？

“好了，别说话了，睡会儿觉吧。”胡蝶柔声劝道。

潘有声像个孩子一样，听话地闭上眼睛，一会儿便沉沉入睡。看着日渐消瘦的丈夫，胡蝶背过脸去，眼中又涌出了泪水。这实在是用以安慰他也是麻木自己的神话，可又如何能不想它实现？

她想用爱创造奇迹，留住潘有声的生命，然而死神竟不给这对有情人丝毫眷顾……

这天，胡蝶握着丈夫的手，突然感觉到一阵冰凉……她像失去了知觉一般，木木地呆住了。孩子们扶着她走出病房，她没有放声痛哭，只是任泪水不停地从眼眶里涌出。她觉得心在流血。恍惚中，她仿佛看见潘有声在向她招手，他似乎只是要出趟远门，很快就会回来……

她演惯了别人的悲喜，这次，却哭不尽自己的哀伤。

晚年，她改名“潘宝娟”，“潘”是对亡夫的深深怀念，“宝娟”则是她儿时的乳名，人生渐行渐短，她越发返璞归真。

她把家安在温哥华一座傍海而居的高层住宅上。从窗口望出去，远处的青山郁郁葱葱，近处的大海湛蓝湛蓝，看着点点白帆，伴着清风拂面，人的心情为之一爽。

天气晴朗的日子，她会带一包爆米花或花生米下楼，在海边惬意地散步，她喜欢闻海水咸咸的味道，随着沙滩上留下的脚步，洒下一颗颗爆米花和花生米，惹得一大群快乐的鸽子和不停跳跃的松鼠围在她的身边。沐浴着阳光，倾听着海浪，她心中一片宁静。

1989年4月25日，“蝴蝶”飞走了，但蝶影翩跹……

【致最好的你】

像秋天午后的阳光，剥离了春天的青涩、夏天的热烈，以及冬天的寒酷，有着融化一切的温暖、静谧和性感——这就是熟女。

她们低调，心平如镜；她们圆润，懂得弯腰。她们的锋芒，缀于源自内心的强大力量之上，成为细节生活中丝丝入扣的闪光点。

从容，优雅，保以谦逊的姿态，与世界握手言欢，倾杯酌酒。

最擅长处世，是因为经历过最多的曲折；最乐于修身，是因为坚持过最深的信念。所以，成熟女人的修炼，自有一番天地，也是一道独特的风景线。

质本洁来还洁去

潘玉良
Pan yu liang

她一直是个异数。生命的这端，是贫苦而屈辱的出身，因而她受尽波折；生命的那端，是盖世的才华与名望，因而她享尽殊荣。蜕变是华丽并彻底的，追求是持续且勇敢的，这过程中，必然不能绕开的是她的爱情，给了她救赎，给了她希望，给了她重生的契机。

如果要用黑、白、灰三色来形容人在世间的命运，丈量不幸与幸运之间的距离，那么大多数的人都是站在中间的灰色地带里，不是特别幸运，也不会特别不幸。

一个人来到世间，没有显赫的家世，但遮风挡雨的父母一般是有的。得不到饱读诗书的机会，但初级的识字也还是可以完成的。长不出倾城倾国的美貌，但健康的身体与不至过于丑陋的容貌，总还不算是人生太大的奢望。

而在精神上，穿越人生的沟沟坎坎，淋点小雨，受点风寒，大约也都是该经历的一些波折与障碍。一个从头至尾走得和顺贵气之人，总是少而又少的，且人生于世不经历一点挫伤，有些醒悟与真理也无法得到。

但每次，当我们将目光放到民国女画家潘玉良的身上时，就会为她天生而来的命运，感到眼前一阵一阵发黑。

她就那样，深一脚浅一脚的，在不幸与幸运之中跌宕起伏。

一路拽着强烈的自尊、勤勉的努力、执着的韧性，攀着命运之神的一次次垂怜又一次次鞭笞，她只能釜底抽薪，涅槃重生。

她一直都是个异数。生命的这端，是贫苦而屈辱的出身，因而她受尽波折；生命的那端，是盖世的才华与名望，因而她享尽殊荣。蜕变是华丽并彻底的，追求是持续且勇敢的，这过程中，必然不能绕开的是她的爱情，给了她救赎，给了她希望，给了她重生的契机。

如此，她终于能够正气而坚定站起身来，成为一个大写的女人。

面对世俗的种种苛难，她有过游移、挣扎，但终究以隐忍砥砺；面对凡俗的感情际遇，她有过庆幸、叹惋，但一直以感恩坚守。她好似就该有一场艺术之旅，让她爆发，让她璀璨，让她释放，让她突围。

她比任何一个女子都贞洁、专情、大气。

她，用她如烟花一般寂寞的传说，送给我们一段永恒的谛听。

我是属于你的

1916年，对身陷虎穴的张玉良来说，是明朗的一年。

从四年前来到这怡春院后，她的生活就在世态炎凉、人情冷暖中度过。她看到了老鸨的狠毒，看到了妓女的低贱，看到了这里来往的三教九流各色人等，当然，也饱受冷眼、惊吓、毒打……但是，在她内心深处，对于要做一个自由人的愿望从来没有熄灭过。

终于，命运之神向她伸出了慈爱的手。一位改变她一生命运的男人——潘赞化走进了她的生活。

初夏的夜，微微凉，芜湖城里最豪华的餐馆江上酒家，灯火辉煌，几盏雪亮的汽灯把宽敞的餐厅照耀得如同白昼。车声辚辚，彩轿顶顶，贾客要人，长袍马褂，都往这里聚集。这是芜湖商界同仁在举行盛宴，为新上任的海关监督潘赞化接风洗尘。此人风度翩翩，早年曾留学日本，今天参宴，一身西装革履，在这群光头、毡帽、长袍、马褂之间，自然显出一种鹤立鸡群的气度。

时年，张玉良十七岁，身材高挑的她，虽称不上“出水芙蓉”，但也水灵得很。加上她生性倔犟，跟逆来顺受的姐妹有很大不同，所以，在当地的妓院里有了“头牌”之名。当地的乡绅富豪，为了给见过大世面、阅过洋美女的潘赞化一个与众不同的感受，就特地选了张玉良来弦歌助兴。

不想，这竟然就是一段情缘的开始。

在接风宴上，张玉良娉婷而来，轻轻坐下，然后轻拨琵琶，慢启朱唇，配着曲子，想着自己的凄凉身世，她的眉宇间满是忧愁……

不是爱风尘，似被前缘误。花落花开自有时，总赖东君主。
去也终须去，住也如何住？若得山花插满头，莫问奴归处。

一曲《卜算子》，幽怨凄清，缠绵悱恻，曲声绕梁，久久萦回……

热闹的场面依旧，及至张玉良唱完，那辛酸悲凉的调子好似不合商贾们的口味，因此和者寡少。不过，潘赞化听得入了境，他不由得细细打量起眼前这位弹唱的少女来，良久之后，他试探性地问：

“这是谁的词？”

“一个和我同样命运的人。”

“我问的是她是谁。”

“南宋天台营妓严蕊。”

“你倒懂点学问！”

“大人，我没念过书，是听教唱先生讲的。”

“啊——可惜呀，可惜！”

盈盈小语，全然没有身份之差，反而更像一种因有感而发引起的对谈，又偶尔有各自自言自语的沉想。她喟然长叹，他款款吐字；她脸面绯红，他惋惜怜爱。

张玉良抬起悒郁的眸子，回报给潘大人一个感激的苦笑。自从父母双亡，被舅父卖进妓院，从没有人把她当人待，也没有人对她表示过惋惜，更少有人给予她同情，她觉得这个大人似乎与别人不一样。

当晚，有人讨好潘赞化，要为他送来张玉良。他本不习惯这种风流生活，于是说：“叫她回去！”但又不好不领情，就说：“明天让她陪我看芜湖风景吧。”

可深夜里，张玉良因此挨了一顿打。

次日，满心幽怨的张玉良见到潘赞化时，有些无精打采。但不久，她的心头就荡漾起层层喜悦之感。她越发发现这个大人是个正人君子，他对她没有一丝轻侮之色，相反，还像个老师一样，给她讲起芜湖的典故，以及当地的风土人情。

张玉良听着，先前的紧张情绪一扫而光，很快在潘赞化面前放松了下来。她看着旁边这个男人高大的身材，听着他和缓的语气、浑厚的声音，暗暗感受着他儒雅的气质……不知为何，心底竟弹跳出悸动的感觉，一时间，少女徜徉在前所未有的温暖之中。她的眼神不时寻着他的方向，耳畔是汩汩而入的知识涌流，她继续听着，觉得更加美妙了。

“送张姑娘回去！”

随着夕阳余晖的收起，愉快的下午时光在潘赞化对车夫的一声吩咐中面临结束，张玉良也从内心的一片暖意中惊醒过来。

这时，车已停在监督宅邸门前。潘赞化的一句话，使她吓得跳了起来，在这一条件反射动作的同时，她不自觉地叫出了声：“回去？”脑海中，昔日的画面排山倒海地朝她砸来，她的恐慌、惊惧甚至不知哪里来的不甘突然间像冲开了闸门一样，林立在她视线里。当她脱口而出那两个字时，不知是机械重复还是绝地反诘，但马上又在心底否定了。她的手凭空抬起，却攥得紧紧的，她感到眼前这个男人，是上天对她的莫大恩赐，她对过去的厌恶第一次有了强有力的支撑，而非像老旧的灯泡忽明忽暗，像年久失修的屋舍随时可能坍塌。

突然间她拿定了主意，跳下车，几乎是踉跄着来到潘大人跟前，双膝跪下：

“大人，求求您，留下我吧。”

张玉良何尝不是聪明的，只是这种聪明，被岁月压榨得只剩下卑微。她看不到希望，却亟待一个希望；她看不到光明，所以才更想抓住现在的机会——或许是此生唯一的机会。她也是大胆的，命运给她一瞬涟漪，她竟妄想投石反击，无异于打了一个赌，而对手还是她自己。

潘赞化先是讶异，再是怜惜，后是凝想——他对张玉良，不时问几个问题，好像在给一件事寻求佐证一样。谦谦君子的恻隐之心，是早就动了，可他已有妻室儿女。空气，在两个人之间，来回拉扯，再看张玉良时，潘赞化心软地点头答应了下来。他又如何不是冒险，拿自己的荣誉，把她赎了出来。

黄昏的霞光照亮了张玉良的心门，她觉得自己一下子有了依靠，她不敢奢求什么，只求能在潘大人的身边做一个佣人。可他对她则另有安排：

“你不用担心，就住在这里，饭有得吃，我还可以教你读书。人总是需要有些知识的，有了知识，可以变得聪明，心胸开阔，还会给生活带来力量和勇气……”

当晚，他不动张玉良一丝一发。而她，想到自己脱离虎口了，兴奋得睡不着，于是，干脆起来，在一张纸上画起了荷花来。夜，第一次在她的世界里，长长的，如旅行一般。

1913年，在陈独秀的证婚下，潘赞化把张玉良娶进了门，让她名正言顺做了他的妾。

新婚之夜，张玉良在自己画的荷花上署了一个“潘”字。潘赞化说：

“怎么把姓改了？我是尊重女权和民主的，还是姓张吧。”

“不，大人，我应该姓潘！我是属于你的，没有你就没有我。”

潘赞化将她轻轻地揽进怀中，她像孩子在摇篮一般，满足地笑了，笑了……

自此，一段良缘永结。

张玉良被永久地掩埋在岁月的尘埃里，而历史也从来只记得一个潘玉良——爱和智慧，如灯塔般，照进了她的现实，她的梦想。

艺术的摆渡

她的新生活开始了。

婚后不久，潘赞化为了给潘玉良一个崭新的生活，便带着她来到上海，并在渔阳里的一幢石库门房子里安了新居。

院子不大，一道灰砖砌的围墙旁，长着一棵开满细碎香樟花的樟树。清洌芬芳花香，把潘玉良的心沁得明媚非凡，她开始迎着细软的春光，以优雅的姿态飞翔于上海繁华的空气里。

潘赞化看她积极好学，就找来小学课本，亲自辅导她。她是多么聪明的女子，深知丈夫的用心，就如饥似渴地学习起来，进步迅速。

而她在自家的客堂捧书朗读的时候，常常看到邻居洪野先生在作画。先是随着好奇心去看的，久而久之，她也在不知不觉中涂鸦了几张，后被洪先生看到其间的惊艳之处，于是，便收她为徒。

幸运就是这么不期然而至的。大概潘玉良自己也没有料到，这个机会来得如此突然，如此及时。她充满坎坷的从艺道路，正悄然拉开帷幕。

1918年，在丈夫和老师的鼓励下，潘玉良报考了上海美术专科学校，并以惊人的绘画天赋赢得了第一名的成绩。然而，曾经的青楼女子的身份阻碍了她被录取的资格。好似重新面对久未揭开的伤疤，潘玉良一时陷入了心灰意冷之中。

苏州河边，她的目光呆呆地投向落日染红的河面，愈来愈长的血红落日的投影在水面抖动着。她仿佛周身起了层鸡皮疙瘩，蓦地感到一阵痉挛，难道这血海就是她的归宿？

她的心底翻腾着声声喧嚷，血液里渗透过丝丝凉意，连呼吸也变得愁苦起来：

人世间哟，本来有日有月，生活在地球上的人们本应共同享有它们的光明和温暖，可是你为何这样不公平呢？不愿给我一点光明和温暖呢？命运哟，原来我相信人的意志力量能摇撼你、征服你，可你为何那样固执和偏狂，不在我的挣扎面前让一点步？我一直努力想使自己成为一个人，一个受尊重的人，可是世俗连这一点都不允许！难道我就永远洗不尽可耻可悲的污垢？难道我热烈追求的艺术也因此受到牵连？世界这么大，怎么就容不下我呢？

不，不——命运的窗子为她打开了。思想开明的刘海粟校长最终破格录取了她。

至此，潘玉良作为一个青楼女子的前世结束，作为一个新女性的今生开始了。她在当时中国最高等的艺术学府，描摹着她的艺术盛景，积淀着她的人生底蕴。

色彩是她的武器，画板是她的疆场，她勤奋而有灵气，深得老师们喜欢。

第二学期，学校开中国西洋画风之先，开设了人体素描课，并有真人裸体做模特。

时间不知不觉就在沙沙的铅笔声中消磨着。突然，潘玉良感到她的身后有人，还没来得及回头，一只握着铅笔的手伸到了她的画板上，勾画起来。

“你画得不对呀，玉良，要记住，画面要很好地表达出形体的深度，这是个很难掌握的技巧。你的风景画画得很出色，怎么在人体造型上，感觉这么迟钝？”

潘玉良顿时脸色绯红，头低得几乎要碰到画架。她在这画室里，经常听到的是老师对她的赞扬声，今天突然的批评，一下子叫她受不了了。

她抬头看了老师一眼，没有说什么，翻过画纸，重新画。

一张张的人体素描在她的脑海中翻过，一张张众多胴体的速写停留在眼前。她太钟情于艺术，太想要画好了，所以时时绷着这根弦。接着，那场载入历史的“浴女风波”发生了。

这天，她到浴室洗澡，顷刻间，她的眼睛放出了光彩：这不正是个练习人体动态的好机会吗？她放弃了洗澡的念头，跑回宿舍，拿来了速写本和铅笔，借卧位的一隅，迅捷地画了起来。她沉浸在艺术实践的兴奋中。浴池的哗哗水浪和特有的嗡嗡声响，她一概听不见，她思维的弦紧紧拴在健美的人体和线条之中，灵感启开了感觉的心扉，笔尖流泻出浓淡相间、感觉准确的线条，几笔就能构成一个潇洒的体态，几张浴女群像一挥即就。

就在她全心全意作画时，不幸被一个好奇的女人看见，于是一阵骚乱开始了。混乱中，她只顾把速写本保护得更紧，衣服被撕缠着，弄得极为狼狈。她挣扎了好久，才得以逃离战场。

这场风波，使她惊吓不小。前面的路怎么这样难走，她想走的路怎么如此艰险，一条无形的绳总是勒着她，一条无声的鞭子总在抽打着她受伤的心——怎么办？自己怎么才能画好呢？——“对！画自己！”她突然来了灵感。

星期天，她回到家里，插好门窗，拉上布帘，生起一盆炭火，室内暖洋洋的，她坐在穿衣镜前，脱去衣服。镜内映出了她丰满的前胸、白皙柔嫩的皮肤、匀称的双腿。她拿过油画箱，撑好画架，就仔细观察画起来。整个下午，她沉醉在艺术冲动里，得心应手。这张不完全肖似自己的裸体画，仿佛能触摸到肌肉的弹性，能感觉到血液在皮下流淌，她巧妙地隐去了面孔，自己感到十分满意。

这一习作《裸女》，后来在毕业作品汇展上展出，一时轰动全校。校长刘海粟召见了她，亲切地询问了她这幅作品的成因。她诚实地讲了。刘校长默默地看着脚下的泥土，用脚尖敲打着地面，良久才说话：

“玉良女士，西画在国内的发展受到很多限制，毕业后还是争取到欧洲吧！我来给你找个法文教授辅导你学习法文！”

就是这样的契机，她在百般思量后决定牢牢抓紧它，艺术的道路，她比任何一个人都更渴望，那是一种叩响灵魂的热烈与迫切啊！

潘赞化毕竟是胸襟磊落、深明大义的男子，并没有为了儿女私情而阻挡潘玉良在艺术道路上的发展。他原本就希望她不断努力上进，而且正像刘海粟校长考虑的那样：时下这个传统的国度，会把她的艺术天赋抹杀。之后，他设法为她申请了一个官费留学的资格。

海风轻轻地吹，海浪静静地摇，油船沿着近海行进，将潘玉良缓缓载出国门，任无奈与不舍扦捻成线，漫上她的脸颊。

原来不是归处

长长的海岸线系满了她的念想，出去时，是淡淡的不舍，如今思切切，梦绕绕，她终于就要回到祖国和亲人的怀抱了。再见江海时，不明的熟悉卷上心头，可对于九年的阔别，潘玉良如何诉说得清楚她的心？

一个已婚女子，为挣脱传统艺术观念的束缚，远离故土亲人，久在异乡，心中那份孤独和寂寞自不待言。虽然有夫君的赞助和书信来往，但潘玉良在追求艺术的道路上吃了多少苦，她如何不想与丈夫诉说，如何能不思念他？热情化作了坚韧，使她坚持追求，矻矻探索，她的心中拥有坚定不移的前行动力，而爱情是其中最重要的一部分吧。既然自己这么有幸，遇到了这样一个支持自己的好男人，那么就要好好珍惜、加倍努力，不让他失望。

当然，还有要强的心，她要努力摆脱自己以前的屈辱经历，活出自己的尊严。想到这里，思绪却像邮船抛下的浪痕，一浪拍打一浪，浪花在船后画出许多问号。九年漂泊，历尽艰辛，现在学成回国，到母校任教，能得到人们的尊重吧？过去的伤疤，人们还记得吗？她的心里，既有些信心，又充满疑虑，它们像行李一样，一别西方，就随着千山万水紧紧地跟着她……

回国后不久，潘玉良在上海举办了第一场画展，名为“中国第一位女西画家画展”。两百多幅作品，忽然间，如春雷一般震动了中国画坛。接着，她又办了几场个人画展，每次参观者都车水马龙，川流不息，她一时成为上海滩最具魅力的风云女子。

然而，命运对于潘玉良来说，总是一脚幸运，一脚蹉跎。幸运的是，她的艺术之途；蹉跎的是，她的感情道路。

“国有国法，家有家规，大小尊卑，乃千古常理。不要以为当了教授就可以同我平起平坐……今天你不叫她给我行大礼，就过不了这门！老规矩，磕头！”

“轻点儿，你是大户人家的出身，要懂得什么叫知书达理。况且她是个很好的女人，很了不起，现在又为人师表，你要注意影响，权当为我的脸面着想。唉……”

潘玉良下课，刚赶到家门口的时候，听到了屋里的吵嚷声。

潘玉良对原配夫人的突然到访并不怎么惊讶，自己本来就想去拜见她的，想着这几年她过着没有丈夫在身边的凄苦日子，也许只有把自己的太太身份牢牢抓住，才能获得一丝安慰吧。

她听出了潘赞化言语中的真挚、体谅与无奈，尤其是那一声叹息，生生钻进了她的心里，说不清是愧疚、心疼还是其他什么。她仿佛看见他双手捧住前额的颓然模样，他大概此间心乱如麻、不知所措。

她站在门外，两腿簌簌发抖，屋内传出的话，句句似钢针，刺痛着她的神经。世俗的偏见和传统的观念就像两条毒蛇，紧紧捆着她的脖颈，她想抬抬头，它们就要向她喷射毒焰。

这些年，她怀着热望探求东西方绘画艺术，刚刚在“我之为我，自有我在”的道路上形成了自我的风格。在她正要迈步继续前进的时候，毒焰劈头盖脸向她喷来，她的灼伤未愈，世俗的等级棍棒又抡向了她，一个堂堂正正的大学教授在家庭中竟要向人磕头请安。“不！我不干，宁可站着死，不可屈辱生。”她要挺胸昂首走进去，理直气壮地告诉她：“我们是平等的人！”

她一抬眼，瞥见了潘赞化为难地萎缩在沙发上的身影，他也在受着痛苦的煎熬，一瞬间，她心软了，屈服了，不为别的，只为不再增加他的苦恼，她决定豁出去。手中抱着的见面礼哗啦一声散落在地上，她没顾得去拾，急步走进屋，双膝跪了下去。

啪的一下，她好像又回到那个看似早已与她脱了干系的“前世”里了。

她已记不起后来的事，只感到心肺撕裂，神经和血管好像都停止了活动，叫不出声，也流不出泪。眼前的房子旋转起来，她失去了平衡——她爱潘赞化，但这爱让她觉得太沉重、太压抑。她知他一直对她好，知他的不易。可是，爱情里一旦有了伤痛或者隔阂，相爱的两个人就如同掉进了深渊。

她不怪他，在凡俗的现实面前，日渐变得有些软弱与世故。她不能怪他，于是旧恩的引线化作了她的宽容与理解。

试想，如果潘赞化对潘玉良，就像张伯驹之于潘素那样，是个全无酸腐暮气的现代人，在对她给予同样身份与爱情的救赎、绘画天赋的栽培后，在谈诗、论艺、听戏、写字中，两相映衬，两相登对，两相成全，想来也是一生沉浮，形影相随，分外幸福与美满。可是，人生之中，从来就是没有“如果”的。潘玉良早就明白这一点，所以她的确丝毫不怪责他。

想问天问地，想问山问水，但她终究无处听询，不能仰面咆哮，只可俯首叩心……

惆怅间，潘玉良一门心思地扑在事业上。

1936年，她举办了第五场个人画展。展品中有幅大型油画《人力壮士》，画面上所表现的是一个裸体的中国大力士，双手搬掉一块压着小花小草的巨石。她想借助对力的赞美，来表达对拯救民族危亡英雄的敬意。观众在留言簿上赞扬它："在力的韵律中表达了无声的诗意。"她很爱这张画，想自己保藏。画展开幕当天，教育部长王雪艇在参观时，要买这张画，以一千大洋定了下来，并议定画展闭幕时取画。

不料就在这天晚上，画展遭破坏，《人力壮士》被划破，边上还贴了张字条："妓女对嫖客的颂歌。"许多画被窃走……潘玉良站在展室中，眼神呆滞，犹如一尊石雕，很久很久，才清醒过来。

只剩下她一个人了。

她听到了心底的屋脊坍塌和瓦解的声音，先是轰的一声，继而就是窸窸窣窣又毁天灭地的崩溃。

她再次目视那幅残画，然后完全平静了下来。

她慢条斯理地分析着自己所处的社会和在家庭中的地位，以及接二连三的打击。她清楚地意识到，社会中无她立足地，家中没她侧身间，要在魍魉世界堂堂正正做一个人真的很难，而要献身艺术，除非放弃情感的羁绊。她又一次面临生活道路的岔口，她要做出果断的选择。

她的面前幻化出两条晃动的路：一条窄窄的路通向悬崖绝壁，路边没有芳草秀木，丛生着抛物线样的荆棘，随时都可撕破她的衣衫，划伤她的脸面，上面写着屈辱和爱情；另一条路虽然也曲折崎岖，要穿越险峰峻岭，它却通向宽阔的大海，大海上写着真正的人生。不能再犹豫了，那不仅意味着放弃艺术理想的追求，也意味着放弃自己追求的平等自由的人格。

怎么办呢？到哪里去才能彻底挣脱绑缚自己的绳索呢？那只有逃到一个可以埋葬她过去不幸的所在，去实现她的艺术理想。她想到了她奋斗过的异国城池……

一想到要永远离开潘赞化——她唯一的亲人，血管和神经就不由自主地颤抖起来。不可想象，或者更准确地说，是不愿想象，她离开了他，他没有了她，他们还能否继续生活下去。她感激他，更爱他，他为她做过别的男人做不到的牺牲，这是她人生中最大的福祉。她还没有兑现给他生个孩子的许诺，可是他们一旦有孩子，他们的孩子会被称为庶出，比人要矮一等，宁愿违背诺言，也不能让孩子像自己这样终生受歧视。内疚和憾事，人间不是多的是吗？她只能以此来聊以慰藉。

她的心被痛苦咬啮着，双手下意识地攥紧了，却没感觉疼痛。眼前岔开的两条路又模糊地晃动起来。“稀里哗啦”一阵响，展室里哪个角落的画又掉下来了，画框该是摔碎了，却也硬硬地砸着地——她沉重地喘了一口气，眼前那条小路隐去了，延伸到海边的崎岖道路明朗起来。她决定把未来寄予它。

确然，即使她做了西伯利亚的蝴蝶，度过了寒冬，获得了重生又怎么样呢？那过往前尘终若那布上的血渍，洗掉的是浮华，永留的是残迹。

爱情的眷顾，让她有了第一次的重生，那么现在，艺术的引导使她获得了第二次的鲜活。

他依旧支持她，只不过比往日多了份无奈……

海在抖，浪在翻，还是从前的海，还是原来的船，还是旧有的航线，所不同的是，当初的满腔激情换作今天的绝望忧伤、生离死别，拉着她奔向大洋彼岸。

而这一走，就是四十多年。

燃烧，燃烧

是骨气，是追求，是决裂，更是新生。

潘玉良越发懂得维系自己的爱和信仰了。再次远渡重洋后，她一个人坚韧地、孤独地居住在巴黎郊区的一个阁楼里，日日把自己沉浸在色彩缤纷的颜料里，任思念的种子在心灵深处相思成灾。

她用自己的方式爱着生命中最重要的男人，因而“三不主义”诞生了。“不恋爱，不入外国籍，不签约于画廊”，三项中有两项是为他而订的。

“不恋爱”，是源于她对他的感情。在这感情里，有庞大的感激，有绵长的爱意，她一直深念着他的好，她深知她的一切荣誉、快乐都始源于他。他让没有灵魂的张玉良变成一个有灵魂的潘玉良，他对她而言，是刻骨铭心的，亦是无法忘怀的。所以，她愿用这一生的惦念与真挚的牺牲去回报。

“不入外国籍”，其实是她希望他给她写信让她回去，回到那个曾经温暖、庇护她的家，回到他的身边。

可是，茕茕孑立，她等到人生的暮年也没能等到他的邀请，长长的静默中，她依然只顾向艺术追击。

她还是幸运的。在天赋上，她碰到了打开它的那个开关；在生命性情上，她找到了自己最了不起的优点，即如生命一样恒久的坚毅刻苦。

她的一生，都是靠这两点来成全自己的。所以，艺术再度给了这个饱看人性之恶、历经世事沧桑的女人，一场繁盛的璀璨。

她的画展一次次大获成功，她的名声一年年急剧高涨，她的报道一篇篇至为显赫，她的地位一步步逐渐上升。她成了海外著名的中国女画家。

是的，她的汗水没有白流，她的辛苦没有白费，她成功了！

事业的巅峰时段，她如何能不想念起那个救赎她一生的男人，给予了她世间最厚重的恩德与情义。她原本暗淡的人生，就是从他的进入开始，闪耀着金子般的光。

多少个静寂无人扰的夜，她凝目端视，然后笃神挥笔，将每一寸肌肤的热烈、每一根神经的豪迈，都勾勒成线条，涂加上色彩，描绘为图画，心底的美早已实现了架构、记录和超越。

她是从人世的黑暗底层挣扎出来的一个新女性，这个漫长的蜕变过程，她一直在对人、女人、女人的身体做着好奇的审望。每一次观望“她我”或“自我”，她都留下一幅画作，真实记录下她最本能的思考。

她笔下的女人，往往看得魂飞魄散，热血沸腾。她自己长得不美，她笔下的女子也几乎不能用惯常的审美方式去观望，但她们都处在一种蓬勃的生命状态里，体态如地母一样的健壮，水墨勾出的女人有那样精湛铿锵的线条，油彩涂抹的女人有那样熨帖得当的色块与体量。仅仅从绘画的角度，这些线条与色块所呈现的技巧都高超而俊逸，有一种巨大的激情蕴含在里头，好像她把自己活泼泼、热烈烈的生命，一点一滴地匀到画中一样。她笔下的女人是灼眼的，引出人心中最压抑着的那个自我，要与她一起烘烘地燃烧。

她不是在画画，她是在画中穷尽自己的生命。

然而，她的自画像不曾有一幅露出过笑容，从来没有。也许她也深知她的出生引不出人多少的善意，自己的容貌似乎也冒犯了这个世界，不值得人们提起她、说到她，所以她画出的，全是自己的隐忍与宽宥。

她的眼神里，全是对这个世界，连带对自己的慈悲。

诚如女作家林白对弗里达的一番话：

“一个盛装的墨西哥女人作画，或者躺着，或者躺着作画，坐着，站着，或者接吻，无论何时何地，哪怕躺在医院的病床上，穿着石膏的紧身衣，她头上的发式纹丝不乱，头上的花朵永远盛开……她的美丽与破碎，成为难以阻挡的女性魅力……她流血、哭泣，被钢铁穿透，她把她的痛变为珍珠，穿越时空，散发出久远的光芒，妖娆而动人。”

亦然，她和弗里达——同样拥有千疮百孔的人生，是为画而生的女子；同样散发着芬芳花香，而令人心碎疼痛的女子。

深谷幽兰，明艳是不可多得的主线条，香韵是年深日久后的积淀，它在每一个白天和黑夜里蔓延，在每一场繁盛和荒凉中坚韧，在每一寸湿润和干燥下顽强……

【致最好的你】

蜕变的姿态有多坚毅，灵魂深处的渴望就有多热烈；努力的势头有多强劲，内底卓越的潜力就有多张扬。

爱情救赎了艺术，固然是人生的礼物和命运的馈赠，但苦难，也无疑是财富。

于是，一部励志之剧上演。而每个人终究是在过活自己的生命，不沉沦于爱情，不迷惘于苦痛，在生活的历练下，一层层剥落掉甜蜜的外衣，一步步挣扎出自我的天地。独立的人格，坚定的信仰，顽强的意志，不懈的努力，都是对生命的精彩挥洒。

天道自是酬勤。爱情不是幸福生活的船票，奋斗才是。

一辈子的美人

唐瑛

Tang ying

她是以『乐活』为生活目的的人，所以，家庭的富足和教养、事业的开辟和拓展，都是她花朵艳艳的种子。她是以『爱自己』为生命准则的人，所以，穿着的精致与华丽、饮食的均衡与讲究，都是她光芒灼灼的资本。

2011年5月20日，在上海美术馆举办的“2011世界舞美大师李名觉舞台设计回顾展”，引发了一场不大不小的轰动。整整十天，展厅里人头攒动，川流不息。

有两类人是昂着头往里挤的。

一类是美术界、艺术界的中青年，他们是冲着李名觉去的。李名觉是舞台设计领域的世界“三大亨”之一，曾荣获美国艺术人文类最高奖“美国国家艺术及人文奖”，他在百老汇的作品《奥赛罗》《麦克白》《伊雷克特拉》《等待戈多》等，整整影响了美国一代人。

还有一拨是老上海人。与其说他们是来看李名觉的作品的，还不如说是来寻找他妈妈的影子的，因为这个著名舞美大师的妈妈，就是20世纪二三十年代享誉上海滩的唐瑛。

于是，我们似乎跟着时光的镜头，在人群之前的舞台上，看到了那个十足的美人，资深的美人。

一席席镶金缀钻的旗袍，一身身妖娆洋气的裘皮大衣，一件件做工精致的羊毛短衫，一条条格调飘逸的西式长裙，搭配着她美丽明亮的样貌、端庄淑雅的体态，显尽了迥异的丰韵，洋溢着不凡的气度。

于是，十里洋场的人们看到了在卡尔登大戏院用英语表演出整部《王宝钏》而引起万千轰动且才华横溢的她；看到了在上海乃至全国第一家经营女性旗袍引领时尚潮流做着“霓裳羽衣”梦的她；看到了在上海百乐门翩飞惊动无数男子永做“舞池皇后”的她。

她是以“乐活”为生活目的的人，家庭的富足和教养、事业的开辟和拓展，都是她花朵艳艳的种子。

她是以“爱自己”为生命准则的人，穿着的精致与华丽、饮食的均衡与讲究，都是她光芒灼灼的资本。

“南唐北陆”，说的就是上海交际圈有唐瑛，北京有陆小曼。后者在爱情上做尽轰动一时的波澜文章，而前者因了自己的信仰，注定没有爱之繁花的潋滟，只一心要和她的良人在上流社交场里舞尽繁华。

她风姿绰约，雍容大方，长相漂亮，五官中一种西洋风情最吸引世人目光、最光彩照人。她是有着古典韵味的现代派女子，从20世纪款款走向今天。

排场与修炼

旧上海是一杯陈年酿的酒，于斑驳光影里飘着淡淡的幽香；旧上海是一幅华丽的画卷，于斑驳光影中炫着绮丽的风华绝代；旧上海亦是一首婉约的歌，于斑驳光影里唱出万千的繁华沧桑。王安忆说：“上海是一个大的舞台，那儿上演着许多故事。”而我们的“旧上海沉香屑”的主角就身带如此庞大的翎羽。

20世纪初的上海，“新贵”若雨后春笋般轮番登场。所谓的“新贵”，不同于传统意义上的老牌贵族：看重血统、门第、出身与名分，羞于言钱，耻于言商。他们是西化了的贵族，地位与金钱同等重要，如当时的唐家，古来官商一体，上海本商埠，在商自言商，钞票不可少，男与女同领风骚，更不在话下。

1910年，一个粉雕玉琢的女孩降临在这个“新贵”家庭里。从此，血脉里的华贵造就并栽培了她的一生，而幸运女神也紧紧跟随，眷顾且滋养了她的人生。

她的父亲唐乃安，是清政府获得“庚子赔款”资助的首批留洋学生，也是中国第一个留学的西医。唐乃安回国后在北洋舰队做医生，后来在上海开私人诊所，专给当时的高门巨族看病。因此家境很是富足，人脉颇广。唐家的小女儿、唐瑛的妹妹唐薇红八十多岁时回忆说：“小时候，家里光厨子就养了四个，一对扬州夫妻做中式点心，一个厨师做西式点心，还有个专门做大菜的。”

这样显赫的家庭背景、这样奢华的生活铺排之下，唐瑛自是蜜罐里的公主，锦衣玉食是与生俱来的习惯，骄傲优越更是骨子里的风味。唐乃安受到了很好的中西方教育，对子女的家教很重视。因此，唐瑛从小就被严格要求，学习古诗词、戏曲，学习舞蹈、英文，还兼修着生活上的功课——衣食讲究。家里专门养了裁缝做衣服；每一餐都按照合理的营养均衡调配，几点吃早餐，何时用下午茶，晚饭什么时候开始，都遵循精确的时间表；吃饭时绝不能摆弄碗筷餐具，不能边吃边说话；汤再烫，也不能用嘴去吹。

如此精心教养下的女孩，没有随意兴起的任性，没有长久压抑的叛逆，相反，她专心地修习着每一个项目，在小小的心里，建筑着一座“静女其姝”的城堡。

唐瑛毕业于上海教会贵族学校——中西女塾，是宋家三姐妹的母校，也是张爱玲读过的圣玛利亚女校的前身。这所完全西化的女校，以贵族化的风格培养学生成为出色的沙龙女主人。此时，天生丽质的唐瑛已经出脱得如花儿一样：身材苗条，时尚美丽，口齿伶俐，声音甜美，成为大家眼中的标准美人儿。并且，她中英文皆佳，还能唱昆曲，会演戏。这位才貌双全的名门闺秀，自然在学校里也成就着“桃之夭夭”的童话。

她带着淑良的天性走出，向着雍容的沙龙聚会缓缓进发，一入人群便是娉婷旖旎，惊艳招摇。当然她的功力，还远远不止这些。

唐家是基督教家庭，所以女儿们的地位很高，从小就可以参加社交活动。唐瑛似乎也有这个天分，自小就喜欢热闹，爱出风头，无论是在家里，还是在学校，她都十分活跃。她十六岁就开始跟着家人进入社交圈，从理论和实践两方面学习社交礼仪。很快，这个小女子就名闻上海滩了。

诚然，当时的大上海交际圈，该有多少不可一世的名媛、明星啊，唐瑛凭什么能这么快脱颖而出，成为万众瞩目的交际花呢？

当然，出身名门是她们的根基，年轻貌美也是共性一样的条件。不过，风姿绰约的气质，大方得体的举止，还有高品质生活方式的熏陶，都是她特有的魅力。衣着高贵时尚，一派名媛范儿，而且伶牙俐齿，聪明干练，优雅中带着洋气，洋气中透着超然，加上昆曲与舞蹈，真真是才艺俱全，资历自生。

看她的一张照片：身着短袖的花旗袍，躺靠在低矮华贵的椅子上，手持一把小折扇，头略微低歪着，眼神中有些幽怨，有些寂寞，有些迷离，既有大家闺秀的端庄，又充满无限风情……

再看她另一幅侧对镜头的照片：穿着一件中西合璧的长衣，上面旗袍带着典雅和古韵，下面裙子带着自由和现代感，整体看来，跳闪着一缕缕新奇，双腿侧斜并摆在地，一只手轻落在膝上，另一只搭在这只手腕上，腰身略弓着，半低着头，眼睛朝着前方，似看不看的样子……真是风情无限。而她那露出的油黑锃亮的中跟小皮鞋，以及那半截子白皙的小腿，也令她的时尚和魅惑展露无遗。

这样一个女子，坐在那里就是一道欣赏不尽的风景，更何况她还有那掩不住的聪颖和才华呢？

交际女神

彩袖殷勤捧玉钟，当年拼却醉颜红。
舞低杨柳楼心月，歌尽桃花扇底风。

这是赞美的诗，这是唱颂的词。

唐瑛，这位现代派的美人，在传统戏曲上的造诣可以说超过了“票友”的水平。她经常以“玩票”的形式登台演出，每次都大放异彩，赢得满堂掌声。在洪深编导的话剧《少奶奶的扇子》中，她穿着曳地长裙一亮相，观众便沸腾了。台下乌泱泱的人群，喧天动地的喝彩，让她的风光一时无二。

当时，北京交际圈有陆小曼，上海有唐瑛，于是“南唐北陆”一说应运而生。陆小曼移居上海后，二人结成了好朋友，成为上海交际圈的“并蒂莲”，抢尽风头，上流社交圈，舞场，戏台，大上海百乐门……到处留下她们的倩影。

1927年，在上海中央大戏院举行的妇女界慰劳剧艺大会上，两人联袂演出了昆剧《拾画》《叫画》，年仅十七岁的唐瑛，一招一式，自有方寸，毫不怯场。

后来，报纸上大幅刊登两人的戏照，照片中，唐瑛扮男角，陆小曼扮女角，唐瑛走台步，陆小曼轻摇折扇，两人相得益彰，浑身带戏，配合完美。原本强烈的反响，加上舆论捧场，二人获得的夸赞连连不绝。

不过，即使是好朋友，即使时常被参照比较，唐瑛和陆小曼也绝不雷同。

陆小曼的生活重心是社交和爱情，她像一株朝着爱开放的向阳花，需要外界不停地滋润和浇灌，不然，便径自萎谢了。在追求爱情与关注的路上，陆小曼有点儿神经质的任性、孩子气的偏激以及膨胀的自恋，她那不计后果的行事方式常常让自己和他人陷入困境。

而唐瑛则活得自成一派。小小年纪却有着上海女人特有的聪慧和精明，对一切都特别拎得清。她像一棵枝蔓清晰的白桦，从不轻易发散无谓的枝丫。她又像一株绚烂的郁金香，纵然光彩照人，却无刺无害，从不争抢别人的光华。她没有那么多华丽的烦恼和奢侈的忧伤，展示着恰到好处的感性和理性。

对于女人，是难能可贵的成全。

所以，无需轰动的婚姻和花边新闻，唐瑛自己就是一道风景。

华灯初上，灯红酒绿在迷离的舞步中恍惚，一个似若美丽蝴蝶的女子，在众多目光的交织中一次次华丽地转身，且次次掀起高潮万千。你寻她，她在那里翩跹舞动着，待你靠近，她又像要腾空漫步一般，牵拉着你的眼神、你的心思、你的灵魂。

名流大亨的聚集地，唐瑛必会出场，她是众人的期待，更受大家的追捧。她是那样适合并喜欢出现在这样的场合，璀璨辉煌、风华绝代，不过是她的一点挥洒。

时逢英国王室来中国上海访问，台上，唐瑛着一身宝蓝色旗袍，上面明亮的金色绣线如巧夺天工的饰物，颇具立体感；她的发髻很是整齐、利落，手指自如地在钢琴的黑白键之间来回跳舞，于是，空气中无形生出弹性和灵动，仿佛有丝缕的线由她拨拉；她的状态亦是饱满有余、铿锵有力的，身体随曲子的悠扬处而张阔着，像即刻就要跳起来似的，待到低沉处，她又有些自然屈弓的搁浅，让人生有戛然而止的担心。如此用情用心，给王室人员留下了深刻的印象。她随即成为上海各大报刊的头版人物，玉照被放在显眼位置，风头想不盖过英国王室和中国官方的人物都难。

唐瑛，她不是在表演，只是像从衣袋里掏出一支金簪子一样，随意地展示给想看的人。她不刻意炫耀，却挡不住咂舌的世人。

1935年，唐瑛更是为京剧事业做了一件惊天动地的事情——开创了英语唱京剧的先河，创造了中国京剧史上第一出英文京剧《王宝钏》。

由于用英语演出京剧是第一遭，所以剧目宣传海报一经贴出，便吸引了数以千计的人讨论观望。等到真正演出的那天，卡尔登大戏院内被围了个水泄不通。

薛平贵由凌宪扬扮演，他曾担任沪江大学校长，而一席京剧华丽衣衫的唐瑛，则扮演那爱之女子王宝钏。

只见舞台上，薛平贵身穿箭衣，头戴软罗帽，奔走于险关重重的剧情之中；而留守的爱之女子王宝钏，则是用一口流利的英语诉尽了薛平贵走后的悲情与思念。她的明眸皓齿，俨然是赋了性情的；她的语言动作，全然是包蕴着才情和睿智的。

本就天生丽质的名媛，在许多国人甚觉“不伦不类”的混搭演出中，却赚足了舞台之下观众的欢呼。原来，太美的人与景，是享有被宽容的特权的，是不受时代和国界的束缚的。

于是，这曾是惊鸿照影来的唐瑛，便让人们记了周全，至今，在上海滩的旧影浮华中还香艳、绰约得让人不敢逼视。

她别致的风情，穿过喧嚣，在百年的大都市里隐约，且芬芳沉溺。

上海女子游弱水说：“上海就是这样一座城市，百年前已是昌繁盛荣之地，时间之轮细细打磨去它的棱角，却愈发练就出它的绝对风华，一如‘美人全因了是时光雕刻而成的’那句谚语。”

诚然，想她唐瑛能惊艳四座，其背后实是付出了惊人的努力的。

诚然，上海就这般造就了一个惊才绝艳的传奇美人。

时尚主义

这世间女子都是为“悦者容”的，所以每个女子心底都隐藏着一个“霓裳羽衣”的梦。那妖娆风情的旗袍，则尤其是上海女子心中至美的符号。

作为一流的交际名媛，唐瑛在衣着打扮上具有很好的品位，甚至可言高人一筹。她的穿着一直是老上海时尚潮流的风向标。当时的女性杂志《玲珑》就鼓励新女性向唐瑛看齐，把她作为榜样。

亦中亦洋，款式独特，大胆前卫，全应了她的气质、她的风光、她的才情。

富裕的家境、良好的艺术修养以及天生的喜欢，一并为这个时尚女郎锦上添花，让她的着装别出心裁，自成一格。

哪怕不出去交际，唐瑛在家通常每天也要换三次衣服：早上是短袖的羊毛衫，中午出门穿旗袍，晚上家里有客人来，则着西式长裙。她的妹妹唐薇红至今还记得，她的旗袍滚着很宽的边，滚边上绣满各色花朵。尤其，有件旗袍滚边上飞舞着百来只金银线绣的蝴蝶，缀着红宝石的纽扣。

她的家里有十只镶金大箱子，里面全是名牌衣服。光是昂贵的裘皮大衣，就挂了满满一整面墙壁的橱柜。香奈儿5号香水、菲拉格慕高跟鞋、迪奥口红、思琳服饰、路易·威登手袋……这些对于她，实在是平凡无奇的装备，犹如一日三餐般稀松平常。因为她就是为美而生的，如何能不在美的况味里投足资本与个性？

“比我漂亮的人，没有我聪明；比我聪明的人，又没有我漂亮。”唐瑛毫无谦逊之意的自信，的确名副其实。

虽然金库大，但她并不是一个“败家女”，她是相当有头脑的。家里特地给她配了个裁缝，每次出去逛街，比如去鸿翔百货看到新式的衣服，她都不买，而是自己记下样式，回家吩咐裁缝做，既拷贝了最新的样式，又节省了钱。如此过程的迂回，怎么可能与人“撞衫”呢？她要的就是“唐瑛牌”的独一无二。

民国如果还有哪个女人因为衣服而出名，除了唐瑛，便是“前辈”张爱玲了。连她的作品中，“束身旗袍，流苏披肩，阴暗的花纹里透着阴霾”之类的句子比比皆是。只是，张爱玲的服装充满了彪炳个性的张扬，犹如俯瞰芸芸众生的一面屏障，打眼却未必合群，透着曲高和寡的孤独，因此，总让人拟之以“特立独行”来形容。唐瑛呢，则糅合了小女子的智慧，用丝绸和雪纺娇嗲地向世界宣战，得体地把生活包裹成一颗绚丽的糖。

1927年，因为对服装独到的心得，唐瑛索性与陆小曼加盟“云裳服装公司”，它坐落于上海静安寺路一栋三层小洋楼里，是中国第一家专为女性开办的服装公司。

二人再度联手，自然是最好的形象代表。公司的开幕典礼上明星云集，各大媒体争相报道。

唐瑛称她们的公司为美术服装公司，公司采取的是世界最流行的服饰风格，其宗旨是在“新”而不在“贵”。并且，唐瑛还聘请了从法国和日本学习美术回来的江小鹈为云裳服装公司的设计师。江小鹈的加入让云裳服装公司的服装有了大师和高品位的保证。

此外，开业时，唐瑛和陆小曼还亲自在店内为顾客试穿新衣，相当于巴黎高级时装店的专业模特，如此服务，当然颇具吸引力。

是年冬天，上海以及附近的南京、苏州、无锡等城市的大街上，凡是有时髦女子出现的地方，就会有一道道由云裳牌大衣组成的亮丽风景。

很快，云裳牌大衣走向北京和天津等地，成为时尚女性不可缺少的冬日装扮。

第二年，云裳公司又设计、制作了春秋两季的夹大衣、单大衣和仲夏夜所穿的具有装饰作用的绸外衣，并迅速推向市场，风靡上海滩……

云裳服装公司的成功带动了上海滩服装的发展与兴旺。上海于是成了20世纪30年代整个亚洲的时装之都。日本、菲律宾、新加坡、印度等国的富商大贾，都会赶到上海选购时装——有人做过统计，在巴黎流行的某一款时装，十天之后，基本上就会出现在上海街头。

唐瑛的初次商业尝试，绝对是大获全胜，这让本已风光无限的她成为上海滩名媛中的名媛、焦点中的焦点。如此璀璨的女人，自然有着无可比拟的吸引力。

她的光芒万丈，她的富丽堂皇，她的婀娜多姿，皆是她一个人的精彩。

我要的快乐

漂亮洋气的唐瑛，是美丽不可方物的佳人，她可以风情万种地吟唱瑰丽缠绕的昆曲，亦可八面玲珑地应酬于各类社交场所，于舞台之中，她更被众多痴情男子所娇宠呵护。由此，绮丽的台上风采，不免就移位到了生活的轨迹上。

只不过，这一场，她不需喝彩，不需轰动，不需跌宕，只需“我要的快乐”。

孙中山的秘书杨杏佛爱慕她，托了刘海粟做说客，家里以她已订婚为由拒绝，虽然她也动心，但最终还是算了，为了一个男子和家里决裂，她似乎没有必要涉这个险。杨杏佛后被特务暗杀于上海亚尔培路，这段关系也唏嘘终了。

哥哥唐腴庐的好朋友宋子文钟情她，父亲唐乃安却不想和政治人物扯上关系，认为“一朝天子一朝臣”，可能为家人带来不能预知的麻烦，故极力反对。唐瑛虽然喜欢，但随着火车站烟幕弹事件——哥哥替宋子文挡子弹身亡，而注定不会再有结果。花样年华的抽屉里，只收藏了那二十多封来自宋子文的情书，这喧嚣一瞬的昙花，或者在某些月朗星稀的晚上给这女子一点情愫的触动。

或许无关风花雪月，亦不必情信纷飞，唐瑛一直都是为自己而生的女子，情爱于她远没有被万千男子宠爱的荣耀来得真切。她爱玩，爱打扮，爱跳舞，爱社交，爱一切贵的、美的、奢侈的东西——这所有的爱好，大概到老都不会改变。

由此可见，快乐于她而言，是天亦是地，是她生命之全部。

所以，当我们看到这样稀薄的一句话——“唐瑛在青春年华嫁给了上海市富商李云书的公子李祖法，但是婚后夫妻性格不合，于1937年离婚，当时唐瑛二十七岁”时，估计会自然而然地想到张小娴的诠释：

“两个人在一起是为了快乐，分手是为了减轻痛苦，你无法再令我快乐，我也唯有离开，我离开的时候，也很痛苦，只是，你肯定比我痛苦，因为首先说再见、首先追求快乐的是我。”

这就是唐瑛，爱自己，爱快乐，聚散离合，自始至终只有这一条标准。

再说，留美归来，时任水道工程师，搞技术的李祖法，性格内向，做事一板一眼，和陆小曼那军人出身的第一任丈夫王庚一样，不解风情是天性，而他们明艳动人的妻子却是交际场所的高手，亦视“玩乐”为生命。如此大相径庭的夫妻组合，势必是过不到一块儿的。虽初以门当户对之类理由结了连理，却终敌不过时间，离散的结局自然注定了。故此，她和他的一段姻缘，在儿子六岁时，终于举着“宁为玉碎，不为瓦全”的大旗落幕了。

想，像她这般貌惊天人、才泽四海的奇女子断不肯就此碌碌终老，总要苦等为她散尽千金、倾诉衷肠、只为博红颜一悦的痴情男子。

人说，再是清决孤傲的奇情女子，一生也总要将一颗芳心栽在一个男子手里，而唐瑛最终的归宿是中国的留学生之父容闳的侄子容显麟。容家也是个开放的、留学生大把的望族，容显麟是广东人，性格开朗活泼，爱好多种多样，跳舞、骑马、钓鱼等无一不精通，也是文艺爱好者。在共同兴趣的基础上，他们渐渐熟识，渐渐忘记了外面的世界。

于是，她安然地、开心地过上了她想要的婚姻生活；于是，她的感情世界里再没了波澜。

她就是这样，繁华招摇了大半生，到了平和静默之时，也有自己的节奏。1948年，唐瑛夫妇到美国定居，她在大洋彼岸继续做她的美人。

一个以“美人”为终生追求的女子，必定要有几分四根清净并爱惜自己的决绝。不然，她会为孩子的夜半啼哭牵肠挂肚，早生华发；会为公婆的不待见愁肠百转，眉间纹加深；会为丈夫的不省心黯然神伤，皮肤下垂；会为家庭琐事劳心费力，眼窝深陷；会为升职无门郁闷不甘，脸色暗淡。甚至，一场无疾而终的爱情都能让她伤筋动骨，憔悴不堪。

一个资深美人必须明白，保持终生美丽成本高昂——丰厚的物质保障、上层社交圈、体面的婚姻、不太操心的孩子、拿得出手的才艺，每一样都需要小心翼翼地维护。

所以，资深美人不能任性，不能在关键时刻掉链子，去为那些虚无的梦想、镜花水月的爱情赌上未来的命运。人生处处凶险，时时拎得清，方能走得远。食得咸鱼抵得渴，谁没有“纵然是举案齐眉，到底意难平”的憾事？只是，爱惜自己的女子从来不会去纠结。

信仰如一，目标坚定，行动步步有力，这就是唐瑛。

她一生爱自己，做足了一辈子的美人。这是她的追求，更是她永远的底气。

如今，几十年过去了，对于美人唐瑛，我们虽有“桃花谢了春红，太匆匆”的遗憾与惋惜，但是，作为那时上海滩上一道亮丽风景的她，在多年后依然还鲜活地活在每个拥有上海情结的人心底最深处，一如那永飘芬芳的沉香，依旧香艳无许，馥郁于心。

人都说，美人骨头轻不过三两，如花的面孔也终会凋零，化身成泥，但泥土中的芳香在耐住严寒后，总会在每年春归大地时，袅娜成无处不在的风景。

【致最好的你】

做一个资深美人，何其漂亮，又何其不易？

物质的成本，不能构成她的威胁；事业的风云，不能剥夺她的快乐；爱人的选择，不能失掉她的原则；婚姻的水准，不能降低她的格调；家庭的琐碎，不能打破她的日程……的确如此，美人的成就有太多门道和牺牲。

正所谓，成功不是一蹴而就的。光环背后，努力必然。任何情境之下，懂得从每一个细节呵护自己，纵然暂时被人生冷落，我依旧是自己的女王。

苏青 Su qing

真诚的烟火人间

她大胆、率性、真诚、坦白，毁誉参半中，也毅然在历史的风口浪尖保持最本真的样子。她心甘情愿地成了一座孤岛，在迷惘中与别的孤岛遥遥相望，痛并憧憬着。

1945年2月27日下午，《杂志》社的座谈会在爱林登公寓张爱玲的居所605室如期进行，与会者是“当前上海文坛最负盛誉的女作家张爱玲与苏青”。

座谈过程中，记者问：“是不是觉得男女一切方面都该完全平等？”

张爱玲说：“一般人总是怕把女人的程度提高，一提高了，女人就会看不起男人。其实用不着担忧到这一点。如果男女的知识程度一样高，女人在男人之前还是会很谦虚，因为那是女性的本质，因为女人要崇拜才快乐，男人要被崇拜才快乐。”

而苏青说：“假使女人的程度太高了，男的都低，女人是悲哀的，我就独怕做女皇，做了女皇谁又配做我的配偶呢？”

如此听来，尘埃里的这两朵姊妹花，对待两性和感情的态度，是截然不同的。

的确，虽都是上海女人，都以文字为生，骨子里都有那么一种对真爱的信仰，都是那么我行我素……但苏青到底和张爱玲不一样。后者属于冷静的大众生活的观察者，而前者属于热情的生活体验的表现者。

在饮食男女的冷暖自知中，她更谙于稀疏平常之事，提笔就是生活气息、感情本欲，“语不惊人死不休”。一个上海女子的泼辣，在她身上显映得淋漓：能言善辩，占了男子上风；什么事都懂，没有什么瞒得过眼；厉害、刻薄，却不讨人厌，只是骨子里世故罢了。

她是真实地活在现世的女子，一如既往地写着心底的魂，无论好与坏，快人快语地做了人家芯子里的活。她大胆、率性、真诚、坦白，毁誉参半中，也毅然在历史的风口浪尖保持最本真的样子。

因此，她又是寂寞的：伟大的单纯没有谁来应和、照料，忠厚的幻想没有谁来响应、接纳——她愿意有所依附，可遍寻世间也只能踽踽独行，在玩弄与撕破间，她只得一步步进逼。

苏青，她心甘情愿地成了一座孤岛，在迷惘中与别的孤岛遥遥相望，痛并憧憬着。

倒是王安忆评了一句不偏不倚的话：“苏青是有一颗上海心的，这颗心很经得住沉浮，很应付得来世事。”

不能承受的生命之轻

苏青去世时六十九岁，这位孤岛时期上海文坛最负盛誉的女作家，一生都将婚恋文字写得冰雪聪明，而自己的婚姻却只有“失败”二字可以形容。虽走过十年婚姻路，但一直无法得到内心的那个男人，渴望到极致，无果。

她在自传体小说《结婚十年》里心有戚戚焉——“我需要一个年轻的、漂亮的、多情的男人，夜里偎着我并头睡在床上，不必多谈，彼此都能心心相印，灵魂与灵魂，肉体与肉体，永远融合，拥抱在一起。”因此，她被人谑称“文妓”。而她的这种“粗俗”，张爱玲也能“雅纳”：“听上去有些过分、可笑，仔细想起来却也是结实的真实。”

事实真的不能如愿吗？看过《结婚十年》的人大抵会摇头。

她是站在云端里看风景，等到风景都看透，她要日子细水长流。这日子的滋味包括她与李钦后情感世界的爱恋与忧伤、寂寞与无奈、痛苦与决绝。

苏青1914年出生于宁波乡间的外婆家里，祖父给她取了“和仪”这个名字，取“鸾凤和鸣、有凤来仪”之意。有此美名的女子，本该有一段美好姻缘的。但是，它在不合时宜的时候开始了。

“妈妈，他们怎么能言而无信，我还要读书呢！”

“你这像什么样子呢？你既然已经许给人家，便是他家的人，说娶就得娶，不然我这做娘的还有脸去见人吗？”

苏青咬着唇哭了很久。她不知道自由恋爱的自由在哪里，她心里一边擎举着理直气壮的委屈，一边咂摸着初遇时的美好。

初中毕业的同乐会上，她在话剧《孔雀东南飞》里饰演兰芝，她未来的丈夫李钦后也担任了一个不很重要的角色，A角美丽B角青春，美丽和青春本是不分家的，就像船和桨，他和她彼此牵引，后通信数封，两颗樱桃做的心愈发甜美地靠近。

不过，这媒妁之言的婚姻虽束缚，却也有自由呼吸可瞻仰的地方——刚订婚时，公公因喜欢苏青的才情而准许二人继续读书。可到底，这一切还是错乱了。

新婚之夜，在苏青的想象中是卿卿我我互诉衷肠的，但是他对她说的第一句话居然是："青妹，我们安歇了吧。"如此现实，让她隐隐不快。

而比失望还不快的是背叛。婚后，苏青很快发现李钦后与别的女人私通，这女人名叫瑞仙，是李钦后外婆的长孙媳妇。看瑞仙的妖魅样，苏青心里就跟明镜似的想：未来恐怕难有好的结局。这爱是沙，指缝稍不并拢，就会散落一地。

又过了几天，她去中央大学继续读书，真不想再回婆家了。她的丈夫要去上海继续读书，他就读的东吴大学靠外婆家很近，又想到瑞仙，苏青心里更难受，但她不知道自己的婚姻怎么就出了问题。在大学继续用功读书以为可以忘却些什么，偏偏怀孕了，而且怀孕后生下的又偏偏是女儿。果然，她的不幸由此像沙一样开始散落了。因为没能给李家延续香火，她受尽公婆和小姑的冷嘲热讽。

她对母亲说："我偏不要男孩儿，我要找工作，替普天之下的女孩子出口气。"

她对丈夫说："做女人成了传宗接代的工具，传的是你的宗，接的是你的代，谁高兴替你千辛万苦养孩子？"

于是，她将一腔郁闷和不平，落于纸上，开始了笔耕人生。

你参透了这个世界，才能找到自己最熟悉的风光，才能找到心灵的安顿。面对这惶惶乱世，直言立相，或许可以绝处逢生！

惶惶惑惑之中，夏天到了，李钦后放假回到家中，他对苏青说："我要带你到上海去了，时时，刻刻，月月，年年，我们永远在一起。"他这样说，苏青自然高兴，她以为噩梦一样的日子真的要远去了。

前方迎接她的，果然是一场喜事。她终于生下了儿子元元。而这个时候，应该说苏青与李钦后不是没有爱的，只是爱得不够彻底。

到了上海，苏青并未因为远离家庭束缚而轻松，生活反而露出它更加狰狞的一面。身边这个同床共枕的男人，从此慢慢开始暴露出男人的众多毛病：自私、懦弱、虚荣，没有主张，不养家，也不负责任，碍于面子，还不许她在职业上发展，以至于苏青困惑地感慨道："一个女子到了无可作为的时候，便会小心眼儿起来了。记得我初进大学的时候，穿着淡绿绸衫子，下系同颜色的短裙，风吹过来飘舞着，像密密层层柳条儿起的浪，觉得全世界就只有我一个人耀眼——我像娇艳的牡丹，而众人便再好些也不过同绿叶浇灌我点缀或衬托一番罢了。但是现在呢？他，我的丈夫，却不许我向上。"

无奈之下，她向他要钱以作家用，竟挨了丈夫一记耳光，还说："你也是知识分子，可以自己去赚钱啊！"就为这一耳光，她五内俱焚。

苏青是一个不能让生活留有空白的人，从她那里你会感受到生命的激情。

为了生活，她不得不去媚俗，正如有人反对吃饭，而又不能不去吃饭。两级同位合一，无伟大可言，她不能不去承受那一份生命之轻。

为了减少生活开支，她把佣人辞了。白天，她带着两个孩子艰难度日；晚上，她一个人坐在灯下写文章，稿酬千字二三十元不等，常常熬到深夜。暑天夜里闷热，她流着汗水，一边写文章，一边还要为孩子打扇子。她怕他们从梦中醒来，影响她的思路，常常是等到写完稿子，又是五更天了。尽管她写稿不辍，但登不登也只得听命于编辑的选择。有时稿件登了，稿费却迟迟不来，害得她望眼欲穿。

她因写作搞得身体很疲倦，有时甚至产生了厌世的想法。苏曾祥医师总是温情地鼓励她：有了孩子的女人是任何困难都不怕的，天下没有逃避责任的母亲。

在养病期间，她有充分时间去思考与李钦后这桩十年婚姻，从同学到订婚，从结婚到生儿育女，从故乡到上海，一步步走来，她尝到了幸福与痛苦两枚果子。她非女权主义者，她本想做一个贤妻良母，相夫教子，写写文章，实现她的文人梦。然而，当产女的痛苦刚刚过去、产子的快乐还没有享受的时候，丈夫的移情别恋像一声霹雳，给她带来更大的打击。

“婚姻不如意，便是顶薄命的事，理想婚姻是应该才貌相当的。”此时的苏青，遥想着对爱的幻想该是怎样的欲哭无泪啊！

无爱，心是空的。

在她病中，那个男人过分地和新欢一起在屋外合唱《风流寡妇》，她也没什么感觉了。“一颗心硬成了石头，再风化成粉末，风一吹，赤条条来去无牵挂。”

“离婚吧！彼此好过。”终于有一天苏青昂然对那个自己叫他丈夫的男人说。她要去寻找自己新的生活。

十年的婚姻啊，转瞬成空。“就是最美丽的花也会褪掉颜色，一层层扬上人生的尘埃，灰暗了，陈旧了，渐渐失去以前的鲜明和活力，花儿有开必有谢，唯有果子才是真实的。”看到这样的话，仿佛抚摸到苏青一颗寂寞无助心。

她说：“一个女子在逼不得已的时候，请求离婚是必需的。不过在请求离婚的时候，先得自己有能力、有勇气。至于离婚以后怎么样呢？我以为也不必过虑……即使失败了，也能忍受失败后的悲哀与痛苦。”

张爱玲说：“她与她丈夫之间，起初或者有负气，到得离婚一步，却是心平气和，把事情看得非常明白简单……而苏青的脾气又是这样，即使委曲求全也弄不好了，只有分开。”

胡兰成说：“她的离婚，很容易使人把她看作浪漫的，其实不是。她的离婚具有几种心理成分，一种是女孩子式的负气，对人生负气，不是背叛人生；另一种是成年人的明达，觉得事情非如此安排不可，她就如此安排了。她不同于娜拉的地方是，娜拉的出走是没有选择的，苏青的出走却是安详的。所以她的离婚虽也是冒险，但是一种正常的冒险。她离开了家庭，可是非常之需要家庭。她虽然做事做得很好，可以无求于人，但是她感觉寂寞。她要事业，要朋友，也要家庭。她要求的人生是热闹的，着实的。”

苏青又补充说：“所谓能者多劳，我是只得苦下去了。”

诚然，苏青的离婚，是她向命运的一次挑战与抗争，是对传统婚姻观的一次颠覆，也是自主赢得生活的不凡女性的真真举措。然而，走出了“围城”的苏青，因着对子女的牵挂而未能再婚，使得她陷入深长的寂寞与痛苦，她走出了生活的困境，却又走进了精神的困境，给她留下了许多遗憾和无奈。

在那个荒诞的时代里，苏青可以说使尽了浑身解数，也无法建构自己的梦想世界，而传统的藩篱又远远地把她阻隔在外面，这是她的得与失、幸与不幸。实在是一个事物的两个方面，一个用哲学解构不到一起的“结”，一个用在佛家“色空”中得不到答案的“无常”，成了一曲用痛苦编织的幻灭的歌。

这是命运自然的存在，是苏青离婚后才明悟了的一门学问。

世俗的，没有禁忌的

纵然有空前的不甘不愿，苏青终主动选择了对无望婚姻的放弃；纵然有千万般无可奈何，她终得继续度日为生。

陶亢德是她在文学道路上的恩人，而她与大汉奸周佛海及陈公博的相识也是陶亢德介绍的。说苏青走红是《古今》捧的，不无道理。她在《古今》上发的第一篇文章是《论离婚》，堪称绝妙，受到时为上海“市长”的陈公博的欣赏。该刊创办者朱朴，是汪伪政权交通部次长，他点拨苏青：“陈公博是特别市市长，何不写点文章奉承奉承他，你找工作的事不就好办了？”

苏青因谋职心切，又考虑自己一个孤身女子在外混事不容易，需要有人庇护，便答应了下来。她发表《〈古今〉的印象》一文，果真吹捧了陈公博一番。

迫于生计，忠奸不辨，苏青这样做，虽有无奈的成分，但实在令人心痛。

投桃报李，陈公博给苏青介绍工作：做他的私人秘书，或者任市政府专员。大概苏青怕陈公博有所图，选做专员，混入官场。尽管她只干了三个月，但代价是惨重的，她由此沾上了“汉奸嫌疑”，这段历史是抹不去的。

想必，定是她那洋洋洒洒不羁言的个性犯了工作大忌。作为一名机关职员，她缺少的是躬谨勤勉，安守本职，何需她力透纸背？不熟悉为官之道，当然要招来非议了。

她的女儿李坚回忆：母亲初去的头两个月每天上班画卯，最后一个月便不再去了，只在家里拿薪水。

此时有人以匿名方式寄给她一张十万元支票，苏青曾犹豫，猜想是陈公博送的，但信封上无写信人的地址。恰那时苏青要养全家老小五口，日子实在不好过，她就饥不择食，收了。

这是她的不幸之幸，“涉水”没有那么深，但也被这潭浊水沾湿了鞋，成为她的人生之累。

生活有所改善后的苏青，不甘寂寞，打算出人头地地干一番事业。

她审时度势，决定办刊物。刊名定为《天地》，取谈天说地、无所不包、无所不容的意思。这油然令人联想到是延续《古今》的余绪，一指时间，一指空间，故有人认为这是“天造地设，妙古绝今，可谓巧合之至”。

1943年10月，在周佛海、陈公博的资助下，天地出版社兼《天地》月刊在上海爱多亚路160号601室挂牌开业。

苏青真有本事，把政界、文坛的名流拉来写稿，作者队伍阵容显赫：周作人、陈公博、周佛海父子、胡兰成、谭正璧、秦瘦鸥、朱朴、张爱玲、纪果庵、柳雨生等。

她不仅有温州人的能干，又有上海人的精明。单枪匹马经营的《天地》，创刊号竟一炮走红，脱销后立即加印。她经营有道，马上实施杂志预订，八折优惠客户；新年出“特大号”加质不加价；她向周作人讨张签赠的全身照，登在杂志上，既做广告又讨周作人欢心；还别出心裁举办“命题征文”，总之花样不断翻新。

为争得发行折扣，苏青不怕丢人，不怕吃苦，亲自扛着《结婚十年》到马路上贩卖，与小贩“讲斤头”。聋哑作家周楞伽撰文揶揄她：“作为一个宁波女人，比男人还厉害！”还写打油诗调侃她：“豆腐居然吃苏青，血型犹太赐嘉名。”因而苏青得了个“犹太作家”的诨号。苏青寸土不让，写文反驳，斥责他多管闲事，并反唇相讥：“你耳聋，一张嘴又说不清楚。”以周耳聋为由头讽刺挖苦，笔墨官司俗到与骂街无二了。苏青说：“情愿不当什么女作家，实在咽不下这口气！”

这一通唇枪舌剑、酣畅淋漓，外人看来活生生一个麻辣婆娘，而张爱玲却说是“伟大的单纯”，的确，她不过是乘了鲁迅之风，言时人所不敢言，那当然不是妄语。

受人惠，必还人情。在《天地》创刊号和第四期上发表的署名为“周杨淑慧”的《我与佛海》《在日本的小家庭生活》两篇文章，实质上是由苏青代笔的。

这时的苏青已成了社会活动家，有一些不光彩的亲日行为。为此，张爱玲沉默，苏青则毫不掩饰地辩诬：

“我在上海沦陷期间卖过文，但那是我‘适逢其时’，亦‘不得已’，不是故意选定的这个黄道吉日才动笔的。我没有高喊打倒什么帝国主义，那是我怕进宪兵队受苦刑，而且即使无甚危险，我也向来不大高兴喊口号的。我以为我的问题不在卖文不卖文，而在于所卖的文是否危害民国的。否则正如米商也卖过米，黄包车夫也拉过任何客人一般，假如国家不否认我们在沦陷区的人民也尚有苟延残喘的权利的话，我就如此苟延残喘下来了，心中并不觉得愧怍。”

那坦白与真诚的性情，那率性与直接的骨骼，那深邃与透彻的笔锋，在苏青身上不过是一种本真的爆发和袒露：她从不避讳，“我投稿的目的纯粹为了需要钱”；她也从来不畏惧什么，坦荡面对“文妓”“性贩子”“汉奸文学”的指控。

毁誉由人吧。

在不到两年的时间里，苏青临渊涉水，吃了不少苦头，而且还沾了一身腥气，为世人所诟病。这其中的得与失、白与黑，恐怕连她自己也难以说得清楚。

胡兰成说：“苏青的文章正如她之为人，是世俗的，是没有禁忌的。”

于是，我们还看到她这样的文字：“我要说我所要说的话，写我所要写的故事，说出了写出了死也甘心。我把自己的生活经验痛快地写，一字一句，说出女人的痛苦，有时常恨所有的形容字眼不够应用。我焦急地思索着，几乎忘却了自己的存在。”

一抹春痕梦里收

苏青，从离婚、温饱的解决到事业的卓然，虽然得到了安逸的生活，但再婚之门也难以打开。

她的婚姻标准是：第一，本性忠厚；第二，学识财产不在女的之下，能高一筹最好；第三，体格强壮，有男性的气魄，面目不要可憎，也不要像小旦；第四，有生活情趣，不要言语无味；第五，年龄应比女方大五至十岁。

对于一个生过孩子离过婚、已经过了“花样年华”的女性来说，按上述条件谈婚论嫁确有困难，但正如张爱玲所说：“她的恋爱，也是要求可信赖的人，而不是寻求刺激。她不过是一个直截的女人，谋生之外也谋爱，可是很失望，因为她看来看去没有一个是看得上眼的，有很笨的，照样地也坏。她也有她天真的一方面，轻易把人幻想得非常崇高，然后很快地又发现他卑劣之点，一次又一次，憧憬破灭了。”

不过，“饮食男，女人之大欲存焉”。她又何曾没有费心尝试过?

曾结识一位颇为富有的对象，当她与之吃饭时，三个孩子站在门口张望不敢上前。苏青顿觉十分伤感，饭吃了一半就草草离开了。她怕再婚后，儿女们会受苦，坚持不再婚，因为“与其让人家占我的便宜，宁可让自己的小孩占我的便宜”，也好恪尽为人母的责任。

于是，苏青顶着独立新女性的头衔，继续着她最初的聪明——充分认识到女子经济独立的重要性，所以，男人总觉得他们不欠她什么，同她在一起开心，然而她认为自己就吃亏在这里：他们看得起她，凡事由她自己负责。她本是天生的豪爽，却只能暗地里叫嚣：这种聪明并不能带来好运，职业女性的日子不见得会比家庭主妇的好过，因为墙上的每一颗钉子都要自己钉上去，每一件家具都要自己买，这又有什么乐趣呢？

她继续揣着她的梦境：有一个体贴的、负得起经济责任的丈夫，有几个干净的聪明的儿女，再加有公婆妯娌小姑也好，只要能合得来，此外还有朋友，她可以自己动手做点心请他们吃，于料理家务之外可以写写文章。

——如此简单而单纯的一个女人啊，却还是被辜负了。

一抹春痕梦里收。草长莺飞，柳细波柔。珠帘十里荡银钩。箏语东风，那处红楼？

后来的寥寥寂夜，苏青一身瘦影在床，人形溃败，她一遍遍地执孤灯叩问：

“天下竟没有一个男人是属于我的。他们也常来，同谈话同喝咖啡，也请我看戏，而结果终不免一别，他们别开我，就回家休息了。他们有妻、有孩子，有小小的温暖的家……我恨他们，恨一切男人，他们不肯丢弃家，至少不肯为我而丢弃，我是一个如此不值得争取的无价值的女人吗？”

她只是一个平凡女子，一如她小说中的女子，天真、感性、琐碎、软弱，渴望爱与依靠。尽管脸上有看透一切的讽刺的笑容，但她还是要在红尘楼宇之中兜兜转转，即使得不到她想要的爱和恩慈，却还要自己奋不顾身，飞蛾扑火。

的确，她的身边从来不乏男人，他们欣赏她，引她为红颜知己，和她谈文学人生，然而他们多有妻儿和戒律标准，全然都是不属于她的人。于是，他们一个接着一个地走掉。日日里迎来送往，她做成了那欲望之中的“蛾”。

她是有所希冀的，于这无望的俗世红尘中，期许着真爱、承诺，及那温柔的归属。只是，她最后得到的却全然是架构于无爱之中的那层叠的赤裸裸的性。更因着是受“贤良淑德”之类古训影响着的中国女子，她的心底遂有了交错纷杂的悔与耻：一面忍泪说自己也是玩弄男人，一面又觉得自己吃了亏，还没处诉苦。

说到底，苏青是个典型的民国女子，生活辜负了她，她在文章这里弥补过来。虽然不能相提并论，但也算是命运的另外一种补偿了。

她深知乱世里的男欢女爱是由人情世故里滋生出来的一夜夫妻百日恩爱或相互体己罢了。于是，在报纸边角里，她开辟了一个小专栏，除却风月，什么都谈，谈男人女人，谈结婚离婚，谈子女家长，谈职业人生……

“上海这地方做人的欲望都是裸露的，早已揭去情感的遮掩，有一是一，有二是二。”王安忆如是说。然而，不单是苏青，不单是上海，遍布全中国，这又何尝不是一种真?

为了这份真的执着，她既是婚姻咨询师，也做了女性的心灵向导——和繁荣的报业达成了和解，亦让庞大的市民彻底地成全了她。

许多不俗的人，都过着更为俗常的命运……他们都不愿做一块石头，溪水里的顽石，越洗越清灵，也越硬。而不用挑开面纱，美人面庞自如月，隐约是一只玉兔捣药的艰辛。恋恋红尘……走吧，女孩，去看红色的朝霞，带上我的恋歌，你迎风吟唱……

［致最好的你］

达尔文的生物进化论早就向我们揭示了一个伟大的真谛：适者生存。

然而这世间，坦白与真诚，倔强与偏执，仍是太多。作为一个真性情的个体，在世俗里肆无忌惮地活着，势必代价惨重，心却依然唱着“原谅我一生放荡不羁爱自由”，多好。

是勇敢，是不屈，是韧性，是我心依旧。只有真实地活过，才是最自然也是最佳的生命状态。

很多人不愿表达自己的声音，害怕势单力薄，但就是在这不间断的从众行为中，自我的棱角也逐渐被磨平，个性也日趋被削弱，于无形中变作了自己不喜欢的人。其实，我们更应该胆怯自我的流失，而在重重挫磨下，每个人的路才更是有价值的。

赵四小姐

Zhao si xiao jie

人间自是有情痴

她用梅花暗自香的禅，让这世间所有的热恋和浪漫都黯然失色，她无谓声誉、地位，只求有情，只求厮守；她勇敢、执着，因为爱情，因为信仰。

安妮宝贝《春宴》的书签上有一句话：

他带我入筵席所，以爱为旗在我以上。

咂摸着，行步着，心中思量：想必，很多人都不喜欢因为爱而卑微，但卑微之际确是爱得最无悔的时候，因为曾放低过自己，所以深深牢记那份刻骨铭心的恋恋不舍与不可自拔。相爱多不容易，与其自我保护、过多犹疑，不如义无反顾、依心而为。

不知不觉间，已走至少帅府北巷内。停脚，略抬首，看到“赵四小姐故居”六个字的牌匾，来路上心中的憧憬，即刻变作了眼前郑重的确证，这就是“赵四小姐楼”。一座中西合璧式的二层小楼，装饰精美别致，其室内陈设也尽显豪华气派。

站在从史书里寻来的那个窗子前，依着她对少帅爱恋深深、思慕绵绵的眼神的方向，仿佛真的能看见那良人办公室内灯光亮起的情景……

她一颗炽热的心，惊魂般地跳动着；她一片炽烈的情，不止息地燃烧着。

从一见钟情，到花前月下；从私奔沈阳，到隔窗相望；从幽禁岁月，到白首鸳盟——她本是名门佳媛、兰心蕙质，却因着爱上了少帅，而情愿一生天涯海角都随他去。

没名没分，她不在乎；颠沛流离，她不退却。蒲苇韧如丝，磐石无转移。她只说一个“爱”字，世人又赋她一个“痴”，切切真真，大概也是不够的吧？这是赞誉，更是敬意；是瞻仰，更是笃思。

她用梅花暗自香的禅，让这世间所有的热恋和浪漫都黯然失色，她无谓声誉、地位，只求有情，只求厮守；她勇敢、执着，因为爱情，因为信仰。

想，这世间便也只有一个叫赵四小姐的女子，能为了爱梦一生，既可享受繁华，亦可承担荒凉。

或庆幸，硝烟四起成全了她，后来，佳侣白首，相濡以沫，梨花海棠相伴老……

半生幽禁一世情

如果举办本世纪的“罗密欧与朱丽叶”大赛，张学良与赵四小姐无疑会榜上有名。张学良能度过如此漫长的幽禁生涯，而且还能健康长寿，这与赵四小姐息息相关。他们相濡以沫七十余载，忠贞的爱情经受了生与死、血与火的考验，真可谓千古绝唱。

时年她二十八岁，正值最有魅力的年龄，与张学良又没名分，若在新的天地里，准会有新的生活。但是身在香港的她得到可以陪伴少帅的消息后喜出望外，立刻将不到十岁的儿子送到美国，托人抚养，自己赶到贵阳修文县阳明洞，陪伴张学良。

如果说在张学良软禁之前，赵四小姐对他的爱还比较盲目，那么在少帅受软禁之后，这种盲目就变成了一种真实又残酷的执念。她回到他的身边，等于放弃了自由和可能出现的新生活。然而，她甘愿如是。

从此，她成为他漫长幽禁岁月里不离不弃的伴侣。

昭昭日月下，她承受着“名不正，言不顺”的诟病不说，还要忍受颠沛流离的飘摇。这种决绝的牺牲，也许就是法国雕塑大师罗丹的情人卡米尔所说的“最伟大的爱情的标记，是为自己所爱的人献出生命”吧。

1945年抗战胜利，原本以为会得到自由的张学良，又被辗转幽禁到台湾新竹的井上温泉，这个潮湿寒冷的深山成了他们最后的囹圄之地。她和他在这里度过了十多载与世隔绝的静好时光。

井山温泉山间一座和式旧木屋，是二人寄身的园囿。自由，仅仅延伸到院子篱笆处便被隔断。院角立哨岗，出院门需请示，外围哨所林立。

曾经叱咤风云的烈性男人，在失去了他视如生命的自由后，快速衰老，曾经的桀骜和不驯早已不知道遗失在哪段时光里了。深山与世界的距离，杳然不知深处，两岸人们已久不闻世间有张学良的消息。而她依旧对他倾心，深情款款，没有冷语，没有罔顾，与他做着伴，全当一种义务和乐趣而为之。

看张学良在山间漫步徘徊，赵四小姐一旁挽臂同游；看他坐在溪流边陷入沉思，她在石墩上望他为景；看他在老树前侧耳倾听广播，她执手和他不时谈论几句；看他在油灯下阅读明史，她在周边披衣沏茶照料有加……

多么美好的画面，外人判定的难挨，她却庆幸不是离骚。

山中岁月，寒来暑往，除了木叶开落，便是无涯的寂寞。将军麾下的千军万马，如今变成了他锄头下一畦畦整齐排列的瓜果花草。养鸡鸭，逗小猫，让赵四不时换上新衣裳为她拍照，成了张学良排遣苦闷的日常活动。

温泉生活尽管艰苦，赵四小姐却仍然保持着名门淑女爱美的天性。修指甲，梳妆严整，鬓发一丝不苟。自己打毛衣，做裁缝。春日里的一件花式毛衣，配上山中桃花，依稀间，依然人面桃花相映红，美人如花隔云端。秋日里的一袭旗袍悠然孑立，如山泉秋色般的宁静气爽。山河轮转，美人依旧。此时的她，即将四十不惑，被岁月汰洗过的容颜，铅华洗尽，风云俱净，是霜华浸染出的清韵与波澜不惊。

她该是为他而妆容的吧，朝朝暮暮间，她不仅如旧滋养着他们的爱情，还让二人的生活过得分外健康有序。她本喜好运动，当下久居深山，尤为张学良身体的考虑，便时常拉着他去打网球。

赵四小姐穿着白色连衣裙，足蹬一双雪白的运动鞋，从绿油油的草地上轻盈地跳了起来。她的手轻轻挥着球拍，随着一枚小球的抛出，信手挥拍出去，只见那小球“嗖”的一声就从纱网上飞了过去。在纱网的另一方，张学良挥拍应战，机敏地将小球打了回来。就这么击来打去，两人势均力敌，互不相让，她见他头上泌出了细密的汗，忽然开心地笑了，跑过来给他擦汗。

小球过网的沙沙声在幽静的山谷间回响，更加显出阳明洞外的沉寂。张学良忽然放下球拍，正色问身边的她：

“你陪我在这荒山野岭，有没有后悔过自己曾经的选择？”

“汉卿（张学良字），你怎么会有此一问？如果我曾有一丝一毫的犹豫，现在就不会在这里。对于我所做的一切，我从不后悔。就像你，汉卿，你会为你所做过的那些选择后悔吗？”

“是的，这一切，我问心无愧。”

他看着眼前的女子，微笑并坚定的深情，如初珍贵，她是懂他的。可越是看她，心里就越是发酸。他看见从前花容月貌、千娇百媚的她，如今不及中年，两鬓就已出现了斑斑华发。而且，她面色有些苍白，略显憔悴，几颗牙齿都已松动。他知道如果她不是和自己同时蒙了难，而是在香港过悠闲的贵妇人生活，那么，她现在也许是另一种年轻艳丽的容颜。

想到这里，张学良握住她的手，坦诚地说：

“其实，我当初写信给你，心里是很矛盾的。从我的私心来说，我是希望你能够来陪我的，这样，枯燥的日子就没有那么让人难以忍受了。可是从你的角度上说，我又是不希望你来的，因为这里的条件实在太艰苦了，而且没有人身自由，连说话都要小心翼翼。更可怕的是，谁也不知道这样的日子何时到头，而到最后迎来的是黑暗还是光明更是未知数。”

“汉卿，你和我之间还需要说这些吗？我难道能够让你自己在这里受苦吗？”

“我的傻姑娘啊！”

张学良温柔地把赵四小姐抱在怀里，用下巴轻轻摩挲着她的头发，一滴泪珠悄然滑落，无声无息。

有生之年能够相依相偎，也许就是一种幸福了，还要求什么呢？

洪荒滔滔，时过境迁。大概，当年金戈铁马的少帅，如何都想不到，那个一见钟情的惊艳女郎，竟然是落魄的此刻还能温存在身边的有情人！

好似，天高地远，思绪一下子把他拉回此前的峥嵘光景。风流人生，却撞了个她进来……

那一程来时路

到底是怎样电光火石般的初始呢？

她和他，一个风姿绰约的名媛，一个雄姿英发的少帅，四目相望之间便惊动了天与地、山与海、风与雨。这世间情从来都是这样。

1927年一个春光明媚的日子，一个传说了半个多世纪的动人爱情故事在天津蔡公馆拉开了序幕。

蔡公馆是当时天津颇有名气的上流社会交际场所。天性风流、喜好玩乐的张学良自然不会错过这样一个好去处，很快就成为这里的常客。

而对于这样一处社交场所，喜爱跳舞的赵四小姐也是神往已久。但对于只有十六岁的她来说，还未到正式进入社交圈的年龄，故一直未能如愿。这天晚上，当得知姐姐们又要前往蔡公馆，赵四软磨硬泡，一定要去凑凑热闹，无奈，姐姐们只好带她同行。

在那些着意修饰、浓妆艳抹、花枝招展的太太小姐们中间，正值豆蔻、不施粉黛的赵四小姐显得格外超凡脱俗。她只是穿了一件绣着几朵淡蓝色小花的白色纱质淑女裙，但“清水出芙蓉，天然去雕饰”，不经意间流露出一种天然之美。诸多纨绔子弟、达官显贵的目光纷纷被她吸引了过去，不等舞曲结束他们就接连而至，争抢着邀其共舞。

赵四却一反常态，先后婉拒了多次邀请，只是静静地坐在大厅的一角，一边品茶，一边观看舞者，仿佛在刻意等待着谁的到来。

突然，舞池中荡起一阵轻轻的骚动，一位英俊潇洒的青年在一群副官、侍卫的簇拥下，神采奕奕地走了进来，人群中爆发出一阵热烈的掌声。赵四马上意识到这一定就是她仰慕已久的少帅张学良。在中西女校的课堂上，在家人的口中，在闺密的私谈中，她早就知晓张学良在两次直奉战争中指挥千军万马、驰骋疆场的事迹，早就听闻过他抬棺上战场、在枪林弹雨中亲督战事的美谈，张学良那英勇无畏、临危不惧的英雄气概在她心中留下了深刻的印象。如今得以见到本人，果然名不虚传！

他体魄魁梧，面带微笑，脸庞明朗、坚毅，目光炯炯有神，眉宇间凝结着一种常人所缺乏的勃发英气，气度非凡。她凝望着，不觉间，一种仰慕之情不禁油然而生。

而张学良也渐渐注意到了角落里独处的赵四。多年往来于京津之间，见过无数名门闺秀，看惯痴妇艳女，却难得见到这样清纯可人、如清水芙蓉般超凡脱俗的女子。

鬼使神差般，张学良不由自主地走过去邀赵四共舞。赵四好似沉睡已久的白雪公主，终于等来了她盼望已久的王子，随即在张学良的带领下飘入舞池。在舞步翩跹之中，他们从彼此眼中发现了一种微妙感情的流露，两颗心在不知不觉中贴近了！

一曲未终，张学良因公务匆匆离去。临别时，他与赵四两人紧握双手，都有依依不舍的感觉。

这是张学良与赵四的初次相识，两人因舞会上的一面之缘，竟一见钟情，互为对方倾倒。也正是这一面之缘，开始了两人七十二载情路风雨！

所谓因缘际会，大概也由他们二人诠释完全了！初初因着这豪门的渊源，她才可以出入上流社会，并因此得以和那个传奇的男子相遇，并衍生出一幕海枯石烂、天长地久的爱恋来。

蔡公馆一别，很长一段时间两人竟无缘再见，徒留倩影英姿在彼此心底。或许是机缘注定，或许是天公作美，不忍再苦苦折磨他们，两人竟意外地再度相逢于北戴河。

那个年代，每到盛夏，京津一带的达官贵人常携家眷到北戴河避暑。老话讲，缘分来的时候，真是挡都挡不住。就在张学良忙里偷闲来到北戴河时，赵四小姐也随家人来到这里。

意外相逢让一直对张学良魂牵梦萦的赵四喜出望外，张学良也是欣喜至极。在北戴河的那些日子里，他们几乎每天都见面，两人的感情迅速升温。在两人的最初交往中，虽是两情相悦，但无疑，情窦初开的赵四投入的感情更多，陷得更深。一日，张学良来找赵四，直入卧室，碰巧赵四外出。张学良顺手翻了一下她放在床头的日记，见日记中写有“非常爱慕张少帅，可惜他已有妻室，命何之苦也”等语后，不由心潮起伏，好一阵不能自已。

另有一次宴会上，赵四与张学良并坐在一起。赵四胸前垂着一颗鸡心饰物，张学良伸手拿过饰物，打开盖，发现鸡心里面嵌着的竟是自己的小照，而且还写着“真爱我者是他”的字样，这使张学良对赵四的爱情更入肺腑。

从此，两人常常相携出入于京津之间的各大娱乐场所，花前月下，卿卿我我，热恋到了昏天黑地、死去活来的地步。

这世间注定的缘分，不管经过多少圈的回转流淌都会回到起点，犹如一场人生的“圆舞”，在舞池中换了无数的舞伴，转了无数的舞步，最后还是要回到最初舞伴的身边，这是规则，任谁都不可破坏，否则就要出局。情缘亦如此，它往往会有它既定的、冥冥之中的规则。所以，多少有情人才终成了眷属。

她与他相识于一场舞会中，最初的一曲未尽，如今上天给了两人更绵长的延续与安排。然而，事情的发展随着历史的转折点进一步加速了。

1928年年中，张学良的父亲张作霖被日本人炸死，他得此噩耗自是痛苦不堪，同时亦深知自己作为一个军人，作为奉系首领张作霖儿子身上的重任，这一次别去将不知何时才能与佳人再相遇。

可没想到，一场离别的戏码，竟无端演绎成一场情缘的牵系。这其中，不得不说说赵四小姐的勇敢与执着。

百废待兴、百事待理，张学良每日忙于公务，但稍有闲暇，赵四的倩影便不自觉地闯入脑海。而远在津门的赵四更是夜夜独对孤灯，辗转难眠，饱受相思之苦。

也许是日夜的操劳，也许是同样的相思，张学良生了病。得知此消息的赵四小姐心急如焚，她知道多日来的紧张局势让张学良压力甚巨，满腹的担心，满心的思念，让她恨不得生出双翅马上飞到沈阳……于是，1929年秋，她给家里留下一张字条，便以探望生病的张学良为由，毅然决然地搭上开往沈阳的火车，去追随自己心目中的白马王子了。

至此，她笃信江山有义，良人有靠，走上了一条遍布荆棘的不归路。她没有他的承诺，只有心中赤诚的爱恋；她没有考虑后路，只顾追着心中的爱火去了。她就是这样热烈的女子，遇到他便下定了一生倾情的决心。

赵四小姐私奔，立时在赵家掀起轩然大波。而小报记者得此爆料，立刻刊登出“赵四小姐诡谲失踪”的悬疑新闻，弄得天津满城风雨。

父亲赵庆华得知此事后，更是暴跳如雷。他一生耿介清廉，颇注重个人名声。自己的女儿居然私奔沈阳，投入有妻有子的张学良怀抱，这在赵庆华看来简直就是伤风败俗，有辱门庭。之后，他在报上连续五天公开发出启事，将赵四从赵氏宗祠开除出去，断绝一切往来，并引咎从此不再为官。耿直的赵庆华直到1952年病逝于北京时，都不肯原谅这个他最钟爱的小女儿，这也成为赵四心中永远的痛。

据张学良晚年回忆，赵四小姐当年来沈阳“只是来看看”他，然后“还是要回去”。可赵庆华一登报，断了她的后路，反倒回不去了。

不过，赵庆华此举，稍事品评，却也不难体察内中的深思熟虑。其实，这应该是赵庆华一箭三雕的谋略。第一，这样做可以使他的家庭避免军阀间争斗的牵连；第二，赵四当时与别人已经订了婚，他无法悔婚，登报声明也算是对儿女亲家的一个交代；第三，也是最重要的一点，这样做摆明是断了女儿的后路，寄希望于张学良永远不要辜负她。可怜天下父母心，赵庆华“清理门户”，绝非盛怒下的单纯之举。

豪门千金为爱出走，好似在当下也实有其事吧，但其中几桩婚恋的促成，有赵四小姐这般幸运？这当说是传奇背后的内幕，还是美好结局的花絮呢？

爱情的追求要以亲情的牺牲为代价，恐怕赵四小姐也是万万没想到的——舍得舍得，有舍才有得，大抵日后感情的圆满，让她能从中得一点安慰。

三个人的和平

沈阳之行，赵四小姐等于将自己连根拔起交给了少帅。没有娘家庇佑的她身份大跌，而少帅能否给她一方安稳？她的前方几多坎坷？

果不其然，沈阳大帅府内严阵以待，摆出架势准备“御敌于府门之外”。一向极有涵养，对张学良偶尔出轨采取睁一只眼闭一只眼态度的于凤至，这次却一反常态极力阻挠。最后，张学良表明了态度：赵四是不可能回天津了，她现在只有一个家，那就是沈阳。于凤至迫于无奈，默认了赵四的存在。

在这里，对于原配夫人于凤至不得不夸赞几句。她并不是传统观念里的小女子，面对丈夫带来的光鲜惊艳的美丽佳人，她亦不会做出一哭二闹三上吊那样的蠢事。她有谋有识，有胆有魄，并深知少帅对赵四小姐的情深意重，于是，她给自己立了个大度宽容的形象，以免遭受鹊巢鸠占的命运。

担心赵四小姐的私奔有辱张家门庭，张学良和于凤至只给了她一个秘书的身份，连姨太太的名分都没打算给她。然而，赵四小姐就是赵四小姐：与父亲的断绝关系，并没有让她对张学良心生怨气；任意名分的施舍，也没有把她对张学良的感情打了折扣——她奉行的是爱情至上主义，只要能陪伴在他左右，怎样的牺牲她亦无所谓。

其实，赵四小姐又何尝不是被逼无奈，毕竟她现在唯一能抓住的只有少帅，否则连个栖身之所都没有。亦舒在《胭脂》中说："其实我最怕突破、向前、创新。每天都是逼上梁山，前无退路，后有追兵。活生生逼出来的，心中有说不出的沧桑。"

而她现在的处境便是，后无退路，即便"屈就"也只可往前。她不是不知道情人角色的悲苦，可是唯有这样才能和自己深爱的良人在一起，所以一切都变得决绝而义无反顾，她亦心满意足。

想她的这一番久恋仍是苦的，一如理查·德·弗尼维尔的至理名言："爱情是一片炽热狂迷的痴心，一团无法扑灭的疯狂，一种永不满足的欲望，一份如糖似蜜的喜悦，一阵如痴如醉的疯狂，一种没有安宁的劳苦和没有劳苦的安宁。"

就这样，赵四小姐住进了张学良的北陵别墅。

苦苦相思后的久别重逢，而且再也不用偷偷摸摸，再也不用顾忌飞短流长，张学良与赵四在这里开始了他们之间最热烈、最疯狂的一段生活。张学良白天去帅府办公，晚上回到别墅。每天早晨分手，两人都是难舍难分的样子，而每天晚上再见，又都有阔别多年的感觉。两人恨不得分分秒秒都相守在一起，一时也不分离，一刻也不分离。

斯人如蜜甜，但于凤至很快就认识到问题的严重性了。当初不给赵四名分，是希望她知难而退，主动斩断与张学良的情丝。可现在出现了意想不到的结果，不仅“情敌”没有赶走，自己的丈夫也因此终日有家不回。这让于凤至很是发愁。

思前想后，于凤至做出了一个决定：将位于帅府东墙外那栋二层小楼买下来，让赵四居住。这样，既将其置于自己的眼皮子底下，起到约束作用，又没有违反当初不让赵四进入帅府的要求，还可能会因为自己的“大度成全”而博得张学良和赵四的感激之情。

于凤至没有同张学良商量，拿出自己的私房钱将小楼买了下来，待装修完成后，亲自去北陵别墅将赵四小姐接了过来。此后，赵四小姐便在小楼里住了下来，人们也因此称这座小楼为“赵四小姐楼”。

很多来过帅府的人都感到疑惑，赵四小姐为什么舍弃阳光明媚的南屋，而是选择位于东北角、终年阴冷潮湿的房间为自己的卧室呢？答案其实很简单，仅仅是因为站在这里，她能隔窗看到位于大青楼二楼张学良办公室里的灯光。在这座小楼里，赵四小姐度过了她人生中最为幸福的一段时光。更让她为之兴奋的是，在这里，她与张学良的爱情终于开花结果——她怀孕了。

赵四小姐的命运似乎注定是多波多折。怀孕不久，她生了一种怪病，背上长了一个痈疽，睡觉时只能向一方侧卧。疾病折磨得她苦不堪言，为病心焦的她，也更加思念父母家人。于是，于凤至与张学良商量，将她送至天津一家德国人开的医院里，以便能见到家人，缓解病痛。为了有利于治疗，医生多次劝赵四堕胎。但她怎么忍心放弃她与张学良的爱情结晶呢，柔弱的她咬紧牙关，忍常人所不能忍，一直坚持到怀孕七个月，终于生下她和张学良唯一的儿子——张闾琳。

抱着酷似张学良的宝贝儿子，赵四忘记了背上的疼痛，喜极而泣。

而面对赵四小姐的隐忍，贤良淑德的于凤至终被打动。再加上，赵四身材婀娜多姿，像柳，性格也有柳质，柔中带韧，屡折不断，在妻妾争宠的大帅府，与世无争的缺点也成了优点，于凤至渐渐喜欢上她，还帮她抚养孩子。自此，她们二人以姐妹相称。

本是史无前例的和平之态，不料历史的硝烟再度升空，一举打破现状，三个人的命运也由此画上了坚硬的句号。

张学良被蒋介石软禁了，于凤至陪伴左右。赵四既不能与张学良见面，又不能投奔娘家，孤身一人带着儿子闾琳在上海及香港等地辗转。1940年，于凤至患病去美国就医并携儿女定居。她以为这只是与少帅暂别，没想到这一别就是五十年，再没有重逢。

于凤至没有想到，余生和少帅的关联就只有那一纸正气的离婚协议了；她没有想到，当初她宽容接纳的女秘书有一天会取代她，与张学良结婚；她更没有想到，自己还会亲笔给“情敌”写祝福的信笺。

不过，于凤至虽然签了离婚协议，但从来不承认这是真的，依然以少帅夫人自居。她以为总有一天他们会再度重逢，一起回东北。即使不能回东北，于凤至也做了打算。她在美国建了两幢别墅，室内都按当年家里的摆设布置，希望有一天张学良能来美国居住。

一生若只爱一个人也是一种福，心就不会在空气中飘来飘去。只是，对于带着一颗孤独的心苦守半个世纪的于凤至来说，这种福太过残忍了。

有人说：在张学良、于凤至和赵四小姐三人之中，没有感情的失败者。此言不虚。尤其是于凤至的“禅让”行为十分高尚，单凭这一义举，她的灵魂就能升入天堂，如此，便也成全了张学良和赵四小姐得以流传至今的伉俪佳话。而赵四小姐的牺牲，也是世间绝无仅有的。

在感情的执着与迷茫里，于凤至和赵四小姐，分明有着各自的勇敢、智慧、情义和决绝，她们对爱的信仰并未有多么高尚，只是为寻得一种安定，而这些，对张学良，莫不是一种福分，一种馈赠，一种嘉赏。

梨花海棠相伴老

铁马冰河的辛酸历史终于过去了，饱受苦难的蹉跎岁月终于结束了，于是荡气回肠的爱情故事也要修成正果。

张学良终于获得自由。始终陪伴在侧的赵四小姐是他生活上最大的支柱，他们之间的感情也愈发浓烈。

1964年7月4日，在时间的无尽长河中，这一天不过是普通而又平常的一天，然而在某些人的生命中，却可能是刻骨铭心、终生难忘的里程碑。在经历了三十六年遭人非议的同居生活后，赵四小姐终于获得了一个对于任何女子而言都至为珍贵的名分。

她与张学良这一对尝尽人间酸甜苦辣、携手走过苦难岁月依旧不离不弃的恋人，终于结成了连理枝，从此，他可以名正言顺地唤她“我的妻”，而那个曾经承诺不要名分的女子也终于得到了她应该得到的称呼“张学良夫人”。甘苦备尝，辛酸泪流尽，他们终于迎来了人生的春天。

在众人的翘首企盼中，一辆银灰色的小轿车缓缓驶进了夏威夷士林凯歌大教堂前面的碧绿草坪，从轿车上携手走下来的是今天的新郎新娘——六十三岁的张学良穿着笔挺的黑色西装，雪白的衬衣，领口系着红色的领结，虽然两鬓斑白、脊背微驼却依旧精神盎然，仿佛又恢复了多年以前指挥千军万马的潇洒风姿。五十二岁的赵四小姐并没有穿婚纱，但风采依旧，新娘的气度也丝毫不减，她身穿一件白色上衣，与黑色百褶裙相得益彰，在夏日里宛若一朵含羞盛开的白雏菊。黑白分明的装扮不由得让她联想起多年以前在海边与张学良形影相随的情景。

一晃已是多年，她仍然显得很年轻，仿佛仍是当年那个在天津勇敢摆脱家庭羁绊、只身前往东北追寻真爱的纯真少女。只是现在，她和张学良已经在艰苦岁月里相伴了三十多年，当年的种种不成熟都已在岁月里磨炼成了坚强果敢，她的身上更增添了几分女性的成熟韵味。

张学良望着赵四小姐微微一笑，眼神里满含着深情。只有她才明白他眼神里的含义，因为在她的心里也正诉说着同样的话语。是的，这么多年了，这一段爱情长跑终于到了终点，而其中所经历的五味杂陈也只有他们两个人才知道。不管怎么样，他们到底还是迎来了这光明的一天，听到了爱情开花的神圣声音。想到这，两个人的手握得更紧了，十指缠绕，永不分离。众人的掌声响起，在亲友们的簇拥下，两个人相互搀扶着走上了红地毯。

半个月后，台湾《联合报》刊出这样一条不新的新闻：

卅载冷暖岁月，当代冰霜爱情。少帅赵四，正式结婚。红粉知己，白首缔盟。

夜雨秋灯，梨花海棠相伴老；小楼东风，往事不堪回首了。

时人有论，囚禁剥夺了“平生无遗憾，唯一爱女人”的张学良博爱的机会，赵四小姐成了他的“唯一”。赵四小姐本人也有同感：“没有西安事变，咱俩也早完了，我早不跟你在一块儿了，你这乱七八糟的事情我也受不了。”时间在相濡以沫中缓缓流逝，张学良常用一口地道的东北话对旁人说：“这是我的姑娘！”

不过，最心存欢喜的还是赵四小姐吧。用了几十载的荒凉孤寂年华换来这渴求已久的婚礼，她亦该是充盈的吧，因了此生终是没被那盛名浮华所累及，像是白朗宁说的“我是幸福的，因为我爱，因为我有爱”。倾尽一生终是寻到了最完满幸福的情感归宿。

所以，她的回忆录中会有这样深情的句子："为什么才肯舍己？只是为了爱，才肯舍己。世人为了爱自己的国家和为他们所爱的人，才肯舍去他们的性命！"

2000年，赵四小姐去世，她的墓地位于夏威夷的神殿之谷，在用花岗岩垒砌而成的墓墙上，是赵四小姐生前叮嘱镂刻的诗句——《圣经》中的诗句："复活在我，生命也在我，信我的人虽然死了，亦必复活。"第二年，张学良将军与世长辞，一周后与赵四小姐合葬。

新华社电稿中说："张学良将军的长眠地坐落在一片绿地如茵的山坡上。去年（2000年）5月，两位老人曾一同庆贺百岁和八十八岁华诞，今天他们在这里再度相聚。"

茵茵绿草，漫漫岁月，绵绵情怀，就这样，属于她和他的一个时代结束了。

世间不乏痴情种，但是如此不要名分、只为感情的女子，却只有赵四小姐。固然幽禁岁月成全了她与张学良的这段传奇婚恋是偶然事件，但如果没有她对爱的执着，又怎么会有这个偶然！

当然，传奇不是随随便便造就的，真爱也并非可以堂而皇之地易位。赵四小姐和张学良一个是名门佳媛，一个是将门虎子，在从红颜到白首的漫长过程中，二人身份、地位、教养的契合是这段爱情佳话成就为神仙眷侣故事的强力黏合剂。

一路风霜一路雨，爱情是伟大的，而人心于爱的能量更是合成美满生活的陈陈佳酿。

［致最好的你］

张小娴说：爱人是很卑微的，很卑微的，如果对方不爱你的话。

相爱，如果不难的话，那肯定也不易。而在这场爱情里，女人总比男人勇敢、深切、投入，她们追求内心的信仰多于对对方的关系，如此，时代的年轮中，爱的史诗总是颇为淋漓而婉转的。

修成正果，大概是每对恋人双方都追求的，女人尤其如此。但感情需要经营，成就感情的契机也需要用心寻找，并适时抓紧。而后，生活的平常状态，不过是饮食男女的柴米油盐，只有善于珍惜当下，把爱过成生活，并获得令双方的心甘之如饴的方式与力量，才能看到最好的感情中最好的自己。

丰盛始终，漂亮有余。

一叶浮萍漂泊者

萧红

Xiao hong

她是典型的大时代之女，是天才型的作家。她没有那种轻盈的浪漫，但身上有着一种魔咒般的气质。她大动干戈地经活过一遍，其情愫却常常是难以揣度的。她是野生的植物，在一个大的天地里自生自灭。

提起民国，世人对之的想象皆被“临水照花人”式的张爱玲锁定，因此无法指认大时代与小儿女之间的天壤落差。

而萧红，正是这份自然缺落中，少不了的一叶浮萍。

她是典型的大时代之女，是天才型的作家。

她没有那种轻盈的浪漫，但身上有着一种魔咒般的气质。

她大动干戈地经活过一遍，其情愫却常常是难以揣度的。

窗上洒满着白月的当儿，她愿意关了灯，坐下来沉默一些时候，就在这沉默中，忽然像有警钟似的来到她的心上：

“这不就是我的黄金时代吗？此刻。”

于是她摸着桌布，回身摸着藤椅的边沿，而后把手举到面前，模模糊糊的，但认定这是自己的手，而后再看到那单细的窗棂上去。是的，自己就在日本。自由和舒适，平静和安闲，经济一点也不压迫，这真是黄金时代，但又是多么寂寞的黄金时代呀！别人的黄金时代是舒展着翅膀过的，而她的黄金时代，是在笼子里过的。

人称“戴爷”的北大教授戴锦华这样评说：她极为“女性”，所谓“为自我牺牲精神所缚”的“高贵的大鹏金翅鸟”，但超越了人们对女性书写的一般想象，她攫住了她所遭遇的那个灾难的时代，她用自己的文字碰触并网罗住了那个时代的轮廓。

可谁不知，民国年代不可能是黄金时代，优雅、自由、个性也全然不同于今日的想象，因为它是一个战乱、流离失所的年代。萧红的一生不是奋不顾身的爱情、说走就走的旅行，而是逃亡、流亡、求生。

她的伟大，是在这间隙里留给了我们伟大的文学作品和她生命的传奇。

时空的间离，横越在民国与一百多年后的今天；历史的弹性，蛰伏于流离失所与娱乐至上的两相迥异——

萧红，当她从泥土中攀爬出来，与家庭抗争，用自我的意志癫疯般地在感情里跌宕，沉浮交错，纵身深坠又不断用力起伏。

她是野生的植物，在一个大的天地里自生自灭。

而这天地，即是那风起云涌的时代，她做了大众的一个。可有谁敢理直气壮地说，如果自己处在萧红的际遇里，能比她活得更好?

而且，她还是把写作当成时代洪流的人。

于是，生活的脱轨，让萧红饱经忧患；文字的脱轨，却让《呼兰河传》不朽。

惊世骇俗的女子

有关萧红的故事，通常是这样开场的：

她与未婚夫同居于哈尔滨一家旅店，欠了巨额费用，后者逃离，旅店老板威胁要将已怀孕的萧红卖进妓院。情急之下她给报社写信，萧军前往探望，两人互生好感，他奋力将她救出。文学史上遂有珠联璧合之“两萧”。

在这个简略版的英雄救美的传奇里，萧红柔弱无依，萧军骁勇威猛，两个文学青年一见钟情。实情基本如此，只是前因后果头绪纷纭，说来话长。

倘若知道这一生饥寒交迫、爱无安定，萧红是不是会更珍惜祖父荫庇下的短暂童年？那是留存在人生之初最美好的回忆：亲眷的呵护，咫尺的温暖，珍贵的宠溺，东北梦幻花园的摇摇曳曳……

菜田里一个小孩慢慢地踱走，在草帽的盖伏下，像是一棵大型的菌类；她眼中的林荫道，像是动荡遮天的大伞；她看菜田的边道，像是小小的地盘，绣着野菜。

别致、形象、灵动，好似透过孩子明澈的眸打量世界，好在，她果然记了下来。

可这以后，便是万劫不复的不归途，她或许大胆得毫无畏惧，可后人却不能不在这洪荒之中，为之疼怜，为之揪扯——

1927年，萧红与家庭抗争，得以离开呼兰到哈尔滨念中学。

父亲将她许配给富商与小官僚之子、小学教员汪恩甲，她起初对他并无反感，两人经常通信。汪恩甲有富家子弟的没落气息，接触愈多，她愈增不满，想退婚去北平念高中，父亲坚决反对。最疼爱她的祖父已经去世，父女关系僵冷、对立，萧红以抽烟、喝酒排遣苦闷，性情变得喜怒无常。

彼时萧红与表哥陆哲舜很投契，后者去了北平念大学，于是少女离家出走，与表哥相聚，进入北平女师大附属女一中高中部。

人生的起头，便要自主地争夺，竭力地挣脱，她还是一个孩子，怪不得不擅长，也因此免不了一遍遍受伤。大抵，成长这件事，在她身上，从来就是一门残缺的功课，怨不得她究其一生都似未怎么成功过。

日子转变的节点，到来得很快。

因表哥早有家室，两人的事在老家引起了轩然大波，陆家、张家都拒绝寄生活费，除非他们返回。北平天冷、米贵，居大不易，陆哲舜渐生悔意，与萧红的关系开始冷淡。

1931年1月寒假，回家。

严冬封锁了大地的时候，大地满地裂着口。

从南到北，从东到西，几尺长的，一丈长的，还有好几丈长的，它们毫无方向，随时随地，只要严冬一到，大地就裂开口了。

不错，呼兰河的父亲正等着给眼中这个离经叛道的女儿一记教训。

萧红被软禁了，她和张爱玲一样，在亲情的面前看尽了白眼。不过，她与父亲关系原本便淡漠，于是绞尽脑汁想着办法脱险，也似乎只是纯粹的生命本能。

她的聪明，一溜烟儿，就能小小得逞。可是，本质上仍是一个手无缚鸡之力的女子，更何况，此时的她还不懂日后会遇到的鲁迅的那句：

梦是好的，否则，钱是要紧的。

假期结束前，萧红与家人周旋，假装同意与汪恩甲结婚，借着置办嫁妆的名义，得以去往哈尔滨，随即再次抵达北平。待汪恩甲追往北平时，她已囊中羞涩，只得跟他回呼兰。家人将她安置在距离县城二十多公里的乡下庄园，严密监视。

直到十月初，她才伺机跑掉。

亲戚家不愿去，在姑母（陆哲舜之母）家又吃了闭门羹，她衣衫单薄，身无分文，暂时落脚同学家，也曾流落街头，险些冻馁而死。战乱令百业萧条，不但求学成为泡影，求职也渺无希望。这年年底，萧红无奈去找汪恩甲，但汪家已对她深恶痛绝，他俩只能同居于哈尔滨东兴顺旅馆。

她曾经那么嫌弃汪恩甲抽鸦片，如今已是心灰意冷，两人竟然一起吞云吐雾。

狼狈，如何能不狼狈？但这就是萧红的境遇，她总是在狼藉中寻找救赎，而且是赤裸、现实、要命的需求。

她被生活的连环考验，重重叠叠地推着往前，好似选择甚少，只能不停应对。所以，我们怎么可以要求她冷静、理性，像另一位双子座女性林徽因一样，呈现出富有秩序和智慧的一面？

接踵而来的，更是冷冽的寒冰。

日后的她，写尽了冬天，大概便可算命运的变相馈赠，她习惯了寒冷，于是一场场风雪加入了萧红的人生。

汪恩甲的工资入不敷出，萧红却怀孕了。

他回家求援，反被家人扣住。她去找他，又遭汪兄等怒斥。

她继而去法院告汪兄代弟休妻。法庭上，汪恩甲却临阵倒戈，表示自己选择离婚，法院当场判他们离婚。

这结局大出意料，萧红怒不可遏冲上街头，无奈中只得又回旅馆。

汪恩甲追来道歉、解释，两人匪夷所思地和好。

到1932年5月，这对离异夫妻在旅馆赊欠的食宿费已达四百多元，汪恩甲回家取钱还债，这一走却从此杳无音讯。

此时，她已有五个多月的身孕。

从前看《萧红全传》，我不厚道地想，这些行为怎么看都像一个任性女子的瞎折腾，和反封建没有丝毫关系。可见生逢其时很重要，生对了时代，私奔便是一场反封建的抗争，不然，就是一桩颜面扫地的绯闻。

如今，被萧红的文字打动后再看这段经历，也生出几分体谅，或许，她是真有苦衷吧。

母亲早逝，父亲疏淡，继母薄情，萧红如大多数亲情缺失的女子一般，有着不可摆脱的莽撞和强烈的不安全感，但她一直都知道并明确的是：她一定要出去——她的逃离更多的是为了读书。

而这过程之中，追爱和抗婚，好像阴差阳错地抢足了风头。

1938年，她在重庆塔斯社分社接受B.H.罗果夫的访谈时遗憾地说："我很想上大学，但是无法实现。"

由是，才算道出了心头的无奈与苦楚。

上天入地俱无门，绝境中的萧红如何一触即发？

旅馆老板将她赶到简陋、阴暗的储藏室，时时催逼。七月上旬，听说旅馆老板已经找好妓院，要卖她抵债，萧红再度开启了求生模式，她急中生智，投书《国际协报》求助，随即又去电话催促——她曾给该报投稿，虽未采用，副刊编辑裴馨园却对她有印象——带着这一点点希望，她以极大的诚意，联系上报社，并寄予了迫切的渴望。

于是，时运派来了一个萧军。

而这的确是一位名副其实的救助人。

萧红恰好在读报上连载的萧军的小说，两人一番晤谈，彼此倾心，火速坠入情网。

这一探望，树起了萧军在萧红心中永远的第一印象。她的英雄，在初初逢遇的当时，确实把她的人生撞得形同电影里的桥段：

在松花江决堤的那个夏天，满城的汪洋肆虐着，萧红被困于东兴顺旅馆，饿，挺着大肚皮，交不起旅馆费，老板急吼吼想把她卖去当妓女……这时萧军现身了，在合适的时候，合适的地点，扮演了他最喜欢、也最合适的角色——英雄救美；可是萧军也没钱，因此，他像变戏法似的，也不知从哪儿弄来一叶小舟，搁于她的窗前，再系一根绳子把她从窗口吊下来。

…………

即便用再俭省的文字，叙述萧红二十岁左右的那番惊险，也要说上几大段。虽然隔了八十多年漫长时光，依然看得人心惊胆战。

逃婚或私奔，有的是情势所迫，不得已而为之，也有的是意气用事，欠深思熟虑。不管怎样，一旦奔逃，也就脱离了传统婚俗的轨迹。也许从此转危为安，一世安好；也许步履维艰，与无常相伴。

父亲的专制、冷酷激发了萧红的反叛。冲动、任性的萧红太像一匹脱缰野马，狂乱不羁。那一连串惊世骇俗之举，在因循保守的呼兰，在顾及颜面的张家，无疑会被视为伤风败俗、有辱门楣，所以她被开除族籍。面对她的不循常规、随心所欲，大多数缺乏超强承受力的父母，都会头疼欲裂吧。

人生仿佛行路、游山，寻常大道，安全平顺，风光尽在把握，却也平庸落套，少意外之喜；荒僻野径，有人所未知的美景、发现，也有峭壁深壑等险阻。所以，大多数好奇心、探险欲和能量都平凡的人，走了常规之路。

自由是多么绚丽的字眼啊，但它的光焰，有时也能射伤缺乏防护的眼睛。唯有那些最坚强的人才能安然无恙地渡过难关。

而萧红就大抵如此。

被新风尚激荡的新女性不见得就能如愿以偿，遭逢理想的社会环境和男性群体，须得自己实力充足，比如，有一技傍身，不乏安身立命之本，性格又足够强韧，才不易伤筋动骨或撕心裂肺。

成也萧军败也萧军

萧红的一生，实际上比她的文字要丰富多彩，充满了戏剧性，跟假的似的。也许那是乱世，人生人性的广阔翻飞，都不是我们这个时代的人所能设想的。

她漂泊的一生就这样开始了。

她没想到，这一漂就是十年，好像漂成了习惯，再也不能停止，一直到她的死。可是，我们也不能因此就认定，她这十年一味总是凄风苦雨，恰恰相反，她这十年生命真正在放光彩。

情到浓时，万般皆好，好得不讲道理，像捏了万花筒，怎么看都只觉欢喜。

萧红几首陶醉的短诗《春曲》，专写热恋时的眉开眼笑、爱不释手：

只有爱的踟蹰美丽，
三郎，我并不是残忍，
只喜欢看你立起来又坐下，
坐下又立起，
这其间，
正有说不出的风月。

她对三郎（萧军）的迷恋，不仅因为他在困厄中给她希望，更因他俩迎面相逢，就撞得天晕地眩：

“当他爱我的时候，我没有一点力量，连眼睛都张不开。”

从天而降的恋情，对于这位从来便仓皇行走的女子来讲，真是一刻奢侈的徜徉。她的生命，照进了一道格外亮丽的光，刺眼、热烈、灼烧、力量，萧红通通受用，她感到前所未有的旺盛。于是，她又写：

你美好的处子诗人，
来坐在我的身边。
你的腰任意我怎样拥抱，
你的唇任意我怎样吻，

你不敢来我的身边吗?

诗人啊! 迟早你是逃避不了女人!

奈何，由平缓到激情，由款然到挑逗，真正的爱情之门，在萧红这一生命的命题上訇然中开，让其享尽幻觉模样的真实。

日子，是要过下去的。

但起码，萧红已有所依，人生大概开始有了盼头。

她随萧军，起先吃住在裴馨园家，生活终于如意，她戒了鸦片。

因身无分文，她的住院、生产都有一番曲折，女儿生下来几天，就送给了公园的临时看门人。任凭医院隔壁房间孩子的号哭震天，任凭奶水打湿了前襟，任凭周围人的苦劝……现下，她总算了无负累。

出院后在裴家住久了，主家的妻、母渐生不满，萧军与裴妻激烈争吵，无奈搬出。

刚刚为萧红护有一方安稳的萧军，由此未能再给裴馨园当助理编辑，失去了每月二十元的固定收入，他俩穷愁潦倒，无家可归。

这对萧红，倒更像是常态。然而，爱情炽烈时的包装，还是要有的。

后来萧军终于谋到教武术的工作，学生家住商市街，同意提供住处，两人总算有了栖身之所。

患难与共，感情融洽。

一个养家糊口，一个操持家务。

这一阶段的萧红，倒也真的进入了贤妻的角色。

她并非巧妇，起初常把饭煮焦了，火烧熄了，还要日日发愁无米无柴；她也需撂下面子，向同学、老师借钱。萧军终日奔波谋职，当杂七杂八的家教，四处借钱。借钱不易，往往只能借到三角五角，借到一元已很稀有，有时候五角钱必须省着用三天。有一次在朋友家，见朋友吩咐佣人拿三角钱去买松子当零食，萧红对这无谓的奢侈痛惜不已。

同时，就是在这俭省的时月中，萧红受萧军的影响，开始从事文学创作。

1933年5月，她写出第一篇短篇小说《王阿嫂的死》。自此以后，一位“三十年代的文学洛神”诞生了，她的笔名叫“悄吟”，恰好如她，未像张爱玲那般惊闻天下，却也暗自红火了那个时代。

她和萧军合著的小说散文集《跋涉》，在东北引起了很大轰动，她的笔力、她的灵动，像一只雏鹰一样，在萧军的引带下，开始牵动文坛的新声。大概画面是这样的：

起先，她跟在萧军身后，我能想象她那双不大的单眼皮的眼睛，鼓鼓的小圆脸，一路走着，跳着，看着，指点着，叽叽喳喳像个小麻雀似的。这是他们的好时光。

而萧红，的确是一朵文学之花。

很少女作家有萧红那样深入骨髓的冻、饿经历，她的散文集《商市街》，对那段饥寒交迫的日子描写得活灵活现，读来亦往往是怜惜中发出声声惊叹。

她半夜屡次想拿走别人挂在过道门上的“列巴圈”（面包），想到这便是偷，不免心跳耳热，一次次开门，又退回房内。腹中空虚，内心挣扎，整夜失眠。天亮了，萧军喝杯茶便出门做事，她饿到中午，四肢疲软，肚子好像被踢打放了气的皮球。

“我拿什么来喂肚子呢?

桌子可以吃吗?

草褥子可以吃吗？”

这仍是求生的号叫，她的文字如此真实，生活便更是淋漓的窘迫了。

她犹记中学同学汪林家的炸酱面，那香味让人销魂蚀骨。

汪林身着皮大衣，脚蹬高跟鞋，带着又饱又暖的慵懒去看胡蝶的新片。她的红唇卷发、长身细腰，完全是少女风度。

可萧红自惭形秽，她才二十二岁，已觉得自己——只有饥寒，没有青春。她暗下心想：“假若有镜子让我照下，我一定惨败得比三十岁更老。”

这其间，颓唐必然，痛恨不知深浅，控诉何来?

实然，任哪一位女子，都无法容忍自己过早地苍老，青春是那样短暂而可贵，明明是挥霍张扬的年纪，却要在生存线上叫嚣……

好在感情炽烈时，爱也可以充饥。

“只要他在我身边，饿也不难忍了，肚痛也轻了。”

两个人黑面包加盐，你咬一口，我吃一下，盐抹多了，还能开开玩笑：这样度蜜月，把人咸死了。偶尔在小饭馆奢侈一回，把馒头、小菜、丸子汤吃到足，再买两颗糖，一人一颗，何止嘴上是甜的，心里更是蜜一般的。

情投意合时，两人合拍极了。

萧军曾说，他俩都有“流浪汉”式的性格，从不悲观愁苦，过得快活而有诗意，甚至为人所羡慕。有时，萧军拿着三角琴，萧红扎着短辫，两人衣履随意，在街头且弹且唱，别有一番潇洒。

偶尔吵架了，两人抢着喝酒，他醉极、气极在地上打滚，她悔极、痛极，自责不已。

幸福的生活，萧红亦是体会过的，虽然不是夹有穷困的波折，就是带着逃亡的隐患，但这毕竟是一段甚好的时光。底色，纵然影响主调，但热恋中的女郎，依然独享着一份前所未有的心暖。

果然，因《跋涉》集中大部分作品揭露了日伪统治下社会的黑暗之缘故，为躲避迫害，他们从哈尔滨逃到青岛，停留不久后，又转而去了上海。

他们最穷的时候，会一起变卖家具——这在今天倒更像作家体验生活时的趣事，但文学确要给他们一点褒奖，哪怕是体恤或安慰。

1935年，在鲁迅的帮助下，萧红发表《生死场》，萧军出版《八月的乡村》。

一对文学伴侣声名鹊起，上海文坛向他们敞开大门，约稿纷至沓来，各类刊物拉他们做台柱子。就这样，两人终于从饥寒交迫的隆冬，走向名利加身的暖春。

可是，爱情，在这时向着反方向越行越远。

萧红曾说："我就向这'温暖'和'爱'的方面，怀着永久的憧憬和追求。"她的一生都在追求温暖和爱，结果，一生颠沛，在追求的路上，又饱经身心的磨难。

这一次，纵然是遇上了萧军，她亦摆脱不得命运的圈套。

她被逼到无可退避的死角，且孤立无援——一个女人，要有怎样的意志，方可战胜这一切？又或者，她是否懂得现实的冰寒总是留存不住情感的微温，男人的肩膀总是靠不住女人的烂漫？

主张“爱便爱，不爱便丢开”的萧军，颇能东鳞西爪地留情。两人同居五年多，他在感情上的旁逸斜出，每次都戳得萧红流血、颤栗。在上海期间，他们经常为此争吵，萧军脾气暴烈，有时竟将萧红打得鼻青脸肿。

旧怨新愁，不及萧红收拾，他的新恋情就又令她满腹悒郁，她只能写诗自酌：

“像三年前写给我的一样。也许情诗再过三年他又写给另一个姑娘！”

他对那鲜艳的新人抒情：“有谁不爱个鸟儿似的姑娘！有谁忍拒少女红唇的苦！”

她又黯然自伤：“我不是少女，我没有红唇了。我穿的是从厨房带来的油污的衣裳。”

在一场日渐惨败的爱战里，当愁苦浇灌了心眼儿的时机，萧红一首首的《苦杯》尽情倾诉，直截了当，旁人看了又怕她伤了自己：

已经不爱我了吧！
尚与我日日争吵，
我的心潮破碎了，
他分明知道，
他又在我浸着毒液一般痛苦的心上
时时踢打。

往日的爱人，

为我遮避风雨，

而今他变成暴风雨了！

让我怎样来抵抗？

敌人的攻击，

爱人的伤悼。

温存，在她这里缘何不得安放！

她的父亲，常常为着贪婪而失掉人性，他对待仆人、对待儿女以及对待自己的父亲都是同样的吝啬而疏远，甚至于无情。而今，她无奈地哀叹：“我幼时有个暴虐的父亲，他和我的父亲一样了！”

爱情破灭，梦冷心灰，为情所困时，只能独咽凄酸。她有时徘徊街头，常感到欲哭而没有适当的地方。

但人间对她也不尽然是无情吧。

苦闷的萧红身体很差，早生华发，形容憔悴，脸都像拉长了，颜色也苍白得发青，对人冷淡而心不在焉。她常常往鲁迅家跑，一坐就是大半天。

好涵养的许广平也忍不住向胡风的妻子梅志诉苦：

“她天天来一坐就是半天，我哪有时间陪她？只好叫海婴去陪她。我知道，她也苦恼得很……她痛苦，她寂寞。没地方去就跑到这儿来，我能向她表示不高兴、不欢迎吗？唉！真没办法。”

萧红刚刚走到平顺处，又遇崎岖。不过，谁都不轻松呢，她也亲眼看到鲁迅病危时，许广平的忧心如焚、劳碌忙乱。一个人走得踉跄时，固然需要朋友扶持、慰藉，但情感的包包块块，最终还得靠自己慢慢掰细、揉化，旁人难以越俎代庖。

她与许广平固然亲密，当徘徊于一己哀伤、顾影自怜时，却忽略了对方的感受，甚至干扰到别人的生活而不觉察。这该怪她在人际交往里一直没有克服情绪化与幼稚化的倾向，还是怜她失却了萧军的依靠，太想找到另一个支撑？

从异乡又奔向异乡，
这愿望多么渺茫，
而况送着我的是海上的波浪，
迎接着我的是异乡的风霜。
…………
什么最痛苦，
说不出的痛苦最痛苦。

原来，萧红早已写明，说不出的痛苦最痛苦。

1936年7月，感情争战的双方决定暂时分开。她去日本后孤寂无聊，几番生病，又抽上香烟，写给萧军的信仍充满思念，常牵挂他的健康、起居。而她写下的诗歌《沙粒》，虽仍有说不出的落寞绝望，却又似乎已经被类似重创打击得有些麻木。

半年后，萧红回到上海。但显然感情创痕已深，矛盾依旧，她的心绪恶劣至极。这次回程，看不到未来，但也是一定要归的……她的心上，恐怕还有不舍，还有留恋，还有诸多难解的一点最后的情念，又或许还想带着未尽的希望？

但一切，简简单单便万劫不复了。

昔日的良人觉得，萧红如今很少能够不带醋味说话了，为着吃醋，她可以毁灭了一切的同情！

他幻灭了，觉得她跟寻常女人到底并无两样。

感情的终结，最烂的结局无非是两败俱伤，至此，令人闻后该是多有愤怒吧！他如何要求，她非寻常？

萧红，依然爱萧军，但做他的妻子太痛苦了，忍受屈辱太久……她在二人的朋友聂绀弩面前，终于一泻心恨：

“我不知道你们男子为什么……要拿自己的妻子做出气包，为什么要对自己的妻子不忠实！”

在与他的这一程中，他帮助她脱险并涉足写作，此后他俩受鲁迅提携，一举成名。她命运的重大转折和她一生最持久的痛楚都来自他……

是可谓成也萧军，败也萧军。

是幸，还是不幸？

要怎么样，就怎么样

爱情也许是每个人都在劫难逃的，萧红也不例外，但这个难题和困扰在她身上被放大了。

我们总会想，她要是不碰见萧军，会不会成为一个更好的作家？或者说，不经历这几次伤筋动骨的爱情，她是不是有更充沛的力量去写作呢？

深思一步步，沉想一爿爿：爱情在一生中是会成全我们还是伤害我们？它是让我们获得积极还是消极的力量？还是说两方面都有？一个人经历了爱情之后的意义到底是什么？

作为一个作家，萧红有着非凡的洞察力，可以看到自己身处的位置。她居然跟萧军说这是她的黄金时代。

然而，转身，她的人生便是另一番天地了。

要做什么，就做什么。要怎么样，就怎么样。都是自由的。

1938年，萧红怀着萧军的孩子，步入了婚姻的殿堂。

对方自然是另一个名字，叫端木蕻良，也是二人的同道，时因长篇小说《科尔沁旗草原》颇受文坛瞩目。

纵然他斯文秀气，对她不乏仰慕；纵然她对他渐生好感，曾在他桌上写下“恨不相逢未嫁时”，并几次念给他听……然而感情的沟壑婉转至此，这一桩，定是不被祝福的婚姻。

双方的亲友团各执一词，却都是不以为然：萧红与萧军有共同的朋友圈，老朋友们对端木在感情上不免排斥，加之他那种散漫、疏淡的风格，包括洋派、考究的装束，也让大家看不顺眼；而端木的亲朋对他娶一个有复杂情感经历的孕妇，则是又惊讶又惋惜。

如人饮水，冷暖自知。萧红这一次，倒是格外地清醒了。

她在婚礼上对胡风等朋友说：

“我对他没有什么过高的希求，只是想过正常的老百姓式的夫妻生活。没有争吵、没有打闹、没有不忠、没有讥笑，有的只是互相谅解、爱护、体贴。”

“像我眼前这种状况的人，还要什么名分，可端木却做了牺牲，就这一点我就感到十分满足了。”

言语中、神情间，萧红似乎说得明确，却不住地让人想再获知些内情。

回头望，短暂光阴，映目而来——她当年逃婚、同居、未婚先孕，在20世纪30年代初的东北小城，何等令人惊骇，陈规旧俗被她漫不经心地抛诸脑后。

然而，就算一路走来羽翼渐丰，结缘的都算新派文人，在掂量婚恋关系时，叛逆、放任如她，依然会不自觉地滑入传统思维与价值的坐标。或者说，所谓人之常情，到底无法回避，所以，先自“怯”了三分。

前后两次，萧红都是怀着别人的孩子开始新的感情。固然可说她不乏魅力，但她也真是欠缺理性与世故，因而每每在无奈或无意时被推到逼仄处，难以转圜，或是给未来留下阴影，也未能拥有孩子。

她仍在饥寒里蛰伏，她的决绝仍惊醒着……

她去医院堕胎，因费用太高而作罢。蒋锡金鼓励她生下孩子，她泣不成声，说自己维持生活都很困难，再带一个孩子，就把自己完全毁了。

萧红，的确如她所不奢求的，未再获予一点冬寒里的薪火。

似乎从来没有人看过她和端木有说有笑地并肩走在一起。

他当着她朋友的面，读她写的怀念鲁迅的文章，鄙夷地笑个不停，说：这也值得写，这有什么好写？

他打了人，让她去跑镇公所。

而她，怀着八个月身孕在码头绊倒，是陌生人把她扶起。

自己总是一个人走路，好像命定要一个人走路似的。这时间，萧红的感情已显得云淡风轻，别扭着的坚定劲儿却更为十足。

重庆日月，从宜昌，到江津，再至北碚，萧红照旧没过上老百姓式的平常生活，她依然得漂泊，继而在1940年年初，萧红夫妇又飞往香港……

这里尚远离战火，海阔水清，鸟鸣花媚，她却难驱孤独、抑郁。

老朋友胡风看到萧红病弱不堪，不禁对端木蕻良又添恶感，他甚至觉得端木毁坏了萧红精神气质的健全，使她暗淡和发霉了。

东北老乡周鲸文则觉得：端木自幼受溺爱，所以懦弱娇气，没有大丈夫气。萧红显得坚强，却也需要支持和爱，两人又恰好遭逢动荡，所以彼此都得不到满足。

这样一个萧红，她的生命竟是无一处可安放的。

萧军那种自命不凡、强悍凶蛮带给人捆绑约束的感觉，但有时也不乏安全感；端木蕻良优柔温和，却又失之绵软、游移。人们重组婚姻时，有时会下意识地选择迥然相异的对象，以期规避昔日风险。而一个人的优缺点，却往往犬牙交错，且“成套搭配，不得开零”，很难十全十美，结果依然不免失落。

越是饱受生命凄苦的折磨，越要开出鲜亮饱满的花朵。

萧红，有她自己的姿态。

她写道：“这些花从来不浇水，任着风吹，任着太阳晒，可是却越开越红，越开越旺盛，把园子里煊耀得闪眼，把六月夸奖得和水滚着那么热。”

时年，香港报刊，被浓郁的故园之思笼罩。

萧红的《呼兰河传》便是在此间一气呵成的，并于1940年9月至12月在《星岛日报》连载。孤寂中愈加思念家乡，但呼兰对于萧红而言，除了战争与空间阻隔，更多一层是有家不能回的难堪。要重返故园，她有游子与逆子的双重不易。萧红在暖洋洋的南方，想念寒风凛冽的北国，想得心尖发颤。

她开篇就写：严冬封锁大地，大地被冻得满是裂口，水缸被冻裂了，豆腐被冻在地上，热馒头冻成冰块，水井都被冻住了……呵气成冰，多么麻烦，但萧红写得欢天喜地的。那不可思议的酷冷，在她眼里竟是有喜感的——只因它们属于朝思暮想的故乡。呼兰的风俗风物，朝露晚霞，流云繁星，蝴蝶蚂蚱，花园菜地，还有世界上最疼爱她的祖父……那些无法重现的场景，永生难忘的欢乐，在她笔下越是绚丽明快，心里眼里也就越是酸涩苦楚。

生命的进程，在马不停蹄地不知往何方赶去。

1941年夏秋，萧红的肺结核已很严重，她边治疗边写《马伯乐》第二部，出院后依旧虚弱。门外炮火连天，全城惊慌失措；门内的女人，已卧床半年，不能走动，她比健康人本就更多一层惶恐。

而此时，即便是一对互生嫌隙的夫妻，在大难来临之际，亦得沦为彼此依偎的战友。

炮火的连击，让有过伤惨经历的萧红，显然对丈夫、对人性、对时局都极其不敢乐观。端木蕻良有几天不在身边，她便以为自己被抛弃，非常绝望，待他返回，才会平静。

不过，她真是焦虑，情绪时常阴晴不定：一会儿想着不得不返回老家，“现在我要在我父亲面前投降了，惨败了，丢盔卸甲的了。因为我的身体倒下来了，想不到我会有今天”；一会儿又相信，自己会健康起来，还要写《呼兰河传》第二部；一会儿又怨恨端木，说自己早该与他分开。

接连而至，大都市的倾覆，还会带来更多的离合悲欢与愁惨难堪。

僵卧病床，身无长物，倘若独困危城，萧红必死无疑。她越是悲惨无助，求生欲望就越强，就像在滔天大浪里，死命抓紧了救命木板。

这次，被抓住的是她弟弟的朋友骆宾基，跟萧红夫妇相识不算久。后来端木返回，他俩为萧红的安全与治疗费尽心力。

当下，骆宾基想去九龙抢救他用两年时间在桐油灯下写出的长篇。萧红生怕他这一走，自己孤立无援，她请求他顾念朋友的生命：

“你不是要去青岛吗？送我到许广平先生那里，你就算给了我很大的恩惠。我不会忘记。”

她果真说服了骆宾基，他放弃去抢救手稿，留下来照料她。可这背后，却裹挟着忿忿然，骆宾基如是记：

“从一九四一年十二月八日太平洋战争开始爆发的次日夜晚，由作者护送萧红先生进入香港思豪大酒店五楼以后，原属萧红的同居者对我来说是不告而别。从此以后，直到逝世为止，萧红再也没有什么所谓可称‘终身伴侣’的人在身边了。而与病者同生同死共患难的护理责任，就转移到作为友人的作者的肩上再也不得脱身了。”

颠沛流离的生命终了之前，她却只落得个负累的归宿。

那些日子，食物匮乏，物价飞涨，水电瘫痪，地痞乘机作乱，炮火震耳欲聋，人命细若琴弦。无牵累的朋友们逐渐撤离，萧红等几人要躲要藏要求生，心里也翻江倒海：施救者的情义、担当、责任；垂危者的感激、惭愧、不安；一闪而过的杂念、抱怨；涌上来又按下去的责难、委屈……内心的时刻煎熬、复杂难耐，不亚于小说。

如果萧红不死，她写一部“倾城之恋”，必定又是另外的模样。

三十一岁，她终于在日军的轰炸中缺医少药地死去。

她最后的驻留地，是简陋的临时救护站。

生命就这样潦草而无奈地结束，她怎会一语不发？——“半生尽遭白眼冷遇，身先死，不甘，不甘！”

有人说，萧红是典型的“女文青”的性格：爱折腾，不愿守本分。

但我更信服这样的声音：

萧红文中的悲悯和讽刺，可说是直承鲁迅的衣钵。

萧红对人生是小处嘲讽，大处怜惜；张爱玲则是小处留恋，大处冷漠。

张爱玲是冷的，萧红是热的。

【致最好的你】

心灵鸡汤之所以特别招人烦，是因为总是抽离时代、阶层、经济的因素，忽略现象背后的因果关联，用一套看似滴水不漏实则断章残篇的理论，为意志和表象的世界做注解。

所以，行动力才是生命力。

跌宕的经历，流离的人生，偶得的温暖，持久的窘困——任谁遭遇过分冷峻的现实都得为自己变一身铠甲出来，于是保护了软肋，还得奋力保全自我。

在人生的戏里，每个人是演员也是导演，像是精神分裂出两个真身，一边演，一边看着自己演。一会儿入戏，一会儿出戏，剧痛的撕裂，冷静的调侃，酸涩的微笑，莹然的温暖，俱在。演到极致，当然豁出自己，豁出一切，生死亦置之度外。

我的时代，我做主。这是很紧要的，当然不易。

宋美龄

Song mei ling

爱的方与圆

她何尝不是一个普通的女人、妻子？只不过，她对自己有经营，对婚姻有选择，对信仰有主张，对政治有兴趣，对人生有不一样的志向……她是始终自主的谋略者。

关于开罗会议的影像资料，档案馆中以“三巨头”的合影居多留存。但2013年10月，中国台湾《联合报》曝光的一张照片，让宋美龄成了这台历史重量级剧目的焦点人物。

站立在开罗古城之上，俯瞰埃及风光，她和丈夫蒋介石两手紧紧相握，颇有“乱世夫妻”的恩爱与温馨。世人早已熟稔她家族的显耀，听闻了她跨越三个世纪的大名，见惯了她端持蕴藉的风姿，但对一如寻常人家的此番亲密，大概知之甚少。

然而，宋美龄又何尝不是一个普通的女人、妻子?

只不过，她对自己有经营，对婚姻有选择，对信仰有主张，对政治有兴趣，对人生有不一样的志向……她是始终自主的谋略者。

她兼具中国的古典气质和西方的优雅风度，这迷人的独特风韵，使得一代枭雄蒋介石为之沉醉而不可自拔，终费尽了思量，把她娶为己妻。她因此得以在中国近代历史的舞台上装扮演绎，而且是以“第一女主角”的身份。

她极富才情，尤其是在外交方面，精明、犀利，很好地利用自己独有的耀眼特质，使西方各国领袖政要为之如痴如醉，又爱又恨。

辉煌实属一分耕耘一分收获的果实——如果要说这是她身为一个女人的光环，那么，半个多世纪前的“第一家庭”中，她不仅重塑了丈夫的性格和脾气，更让身边的男人转而变身为基督信徒，就一定是她作为妻子的能耐与方圆。

并且，这种改造不单是日常生活，甚至渗透到宗教信仰，如此彻底的精神革命，让至今仍在婚姻的北冰洋上颠簸的女人们望尘莫及。

途经沧海桑田，百年浮沉，她亦走出了绚烂年代，行过了漫长的人生之旅，在古道扬尘，弹指一挥间，白了头……

成长的脚印

古有民谚：三岁看小，七岁看老。

当宋美龄尚且年少时，她便已是一个伶俐的丫头。《宋家王朝》中，有一段记录是这样的：

“美龄则是一家之霸。她长得圆胖，人们都叫她“小灯笼”。她周身浸透着虚荣，自恃自己有能力忘乎所以。她孤芳自傲，无人敢理。她那种我行我素的品格和外表的美丽并不相干。她生性超然脱俗，精力旺盛，即使是小姑娘时，她就高傲，威风凛凛……”

小时的她，是时为上海滩百万富翁、兴中会执行秘书长的宋耀如最宠溺的女儿，也许她占了年龄最小的优势，也许她那楚楚动人、顽皮淘气的外貌更使人喜爱。就长相而言，她像二姐宋庆龄多一点，疏眉细眼，小鼻子微微地朝上翘着，薄薄的两片小嘴唇像金鱼似的，两个小酒窝儿妩媚多姿。就性格而言，她像大姐宋霭龄，傲气逼人，孤芳自赏。

优越的家庭环境，给了她美好的童年和足够的底气，姐姐的宠护，亦给了她特别的关怀和不自觉的任性资本。

望族之门，对于女儿的培养势必是重视极了，而宋美龄因着对勤奋的大姐的崇拜，也早早跟随其进入了马克谛耶学校的幼儿班学习。

那年，她才五岁，胆大而要强。

彼时在学校，教室通往宿舍的楼梯间有一段漆黑的甬道，许多女孩子不敢走这段路，而宋美龄却几次从这里通过。老师鼓励其他小朋友时总说：

“你们为什么不像美龄一样从那里走呢？”

受到老师的表扬，宋美龄自然十分得意。但其实，她心里比谁都害怕走那段路，只是硬撑着罢了，每次通过时都吓出一身冷汗，睡觉时总被噩梦困扰。

小女孩的心里，深种了隐忍的种子，亦过早地昭示了她的不凡人生。并且，她还出生于这样一个王朝之家，卓越必然，只是看她的脚印去往哪里。

十一岁时，她跟随赴美留学的二姐宋庆龄来到异国，后进入威尔斯利女子学院。那时，她扎着乌黑的辫子，住在著名的塔院，每天穿过树林和草丛来到主校区，眼前是碧波荡漾的慰冰湖。

四年间，她主修英国文学，兼修哲学，选修法语、音乐、天文学、历史学、植物学、英文写作、《圣经》史和辩论术，还在佛蒙特大学选修过教育学，她成绩优异，热爱体育，几乎就是“德、智、体、美、劳”全面发展的典范。

美国的十年求学对她影响很大。

首先，她能讲一口流利而优雅的美国南方口音英语，比她的两个姐姐更熟悉美国的习惯和方言；其次，她掌握了丰富的知识，对中西方文化了解更深，演讲、交际等能力也得到巨大提升，为她日后的外交活动提供了便利；第三，生活与观念更西化，用她自己的话说就是“除了面孔以外已全盘美国化”了。

“到中国来游历的人，他们脑海里总特别保留着两种不同的中国女性的图画，一种是刚进中国口岸时所看见的许多以船为家的妇女，她们使着劲，淌着汗，驾了一叶小舟，做我们所谓的摇橹工作；另一幅是登岸后看见的现代女性，她们礼貌娴雅，不仅服饰讲究，还能在社交场中应对得宜，使满座生辉。带着她们的才干和勇敢，进入了以前只有男性效力的职业与经济的圈子。”

在文章里，她为现代中国女性，尤其是她自己，描绘了清晰的自画像。

西学的丰盛，让一位聪慧的少女获得了“度蓝学者”的最高称号；时光的摆渡，将一位优秀的女郎带回了阔别已久的上海。

此时，天翻地覆后的中国已是民国六年（1917年）。宋美龄知道，在这个陌生的环境里要重新吸纳新的属于上海滩的文化，不仅仅要掌握熟练的汉语，还要精通祖国的古典文学，才可以融进这个繁华且古韵十足的“夜巴黎”，于是，她开启了一边跟着私塾先生学习，一边待字闺中的模式……

英雄的女主角

大抵，英雄情结是每一个女人都有的。

而宋美龄亦如此，并且，她经受了西方骑士精神的洗礼。

当然，她还有绝好的婚姻模板。两位姐姐，一位嫁给了孔子七十五代玄孙、山西首富孔祥熙，一位嫁给了革命先行者孙中山——姐妹们的际遇，以及美国式教育的影响，足以吊高她对未来夫婿和生活的期望值。

当宋家三小姐要在上海名流圈挑选婚恋对象的时候，一位叫蒋介石的男士有幸被邀约在内。五年的追求历程，让他成了最后的赢家。

1927年12月1日，时国民革命军总司令蒋介石与宋家的小女、革命先行者孙中山的小姨、大银行家宋子文的小妹宋美龄行礼成婚。

当天，先在宋宅举行了简约的教会婚礼，主教余日章是主婚人。然后在大华饭店举行盛大豪华的世俗婚礼，来宾云集，各界名流咸与。

光出席的证婚人就有蔡元培、谭延闿、王正廷、何香凝、李德全等当时重要的政界人士；来宾有汪精卫、吴稚晖、邵力子、陈果夫、叶惠钧等；外宾有日本总领事矢田、正领事清水，美国总领事克银汉，比利时总领事汪和德，挪威总领事业尔等。其阵势可谓近代前所未有的浩荡。

她选的夫君果然不同凡响，给她的排场亦有板有眼。

外界的反应雷动喧天：《上海时报》报道说这是近年来的一次辉煌盛举，也是中国人的一个显赫的结婚典礼；《字林西报》则特地对素有“桃花映面”之美誉的宋美龄做了整章的报道。尽管如此，这些都不如婚礼当事人蒋介石在《我们的今日》报上发表的表白之词来得荣耀：

“我今天和最敬爱的宋女士结婚，是有生以来最光荣、最愉快的事，我们结婚以后，革命事业必定更有进步，从今可以安心担当革命之大任……我们的结婚，可以给中国旧社会以影响，同时又给新社会以贡献。”

谁说这是一场纯粹的政治婚姻？谁说蒋介石不是真的懂她的人？

1934年，婚后第七年。宋美龄在写给美国一本杂志的文章中，部分吐露了隐藏的抱负和对婚姻的选择。她说：

“回忆我若干年来的结婚生活，我与宗教发生关系……我极度的热心与爱国，也就是渴欲替国家做些事情。我的机会很好，我与丈夫合作，就不难对国家有所贡献了。”

她不经意地道出了心中的秘密：嫁给蒋介石，是一个非常好的机会，是一条可以满足现代女性改变社会的理想的最佳路径。在混乱而复杂的时世中，一个接受了美国贵族式教育的女性，做出了自己最渴慕的生活选择。

而蒋介石在这段婚姻里，亦是无限受用并满足的。

婚礼的当时，春风得意的蒋介石陶醉在鲜花美酒中，看着身披婚纱的宋美龄姗姗而出，忍不住由衷感叹：

“平生未有之爱情，于此一时间并现，不知余身置何处矣。”

婚后的前线作陪，蒋介石被宋美龄照顾得无微不至，有时迫于战事紧张，没时间陪伴妻子，他的内心非常矛盾，但也只能通过日记表达他愧疚的心理：

“今日虽与爱妻同住，然而如常办公，精神亦贯注于前方无遗，爱妻助我以国事为重家事为轻，其爱情虽笃，至无复加，但仍促我离彼急进也。”

时岁渐深，新婚的甜蜜融入了家庭的关怀，爱情的喜悦添上了事业的鼓舞。宋美龄虽然娇柔、温婉，但是仍然表现出难能可贵的冷静，她劝诫丈夫勤于国事，要对前途有信心、有抱负。同时，他敬佩她识大体，对她的支持存有感激，在日记中化为对妻子深深的眷恋之情，他忍不住感慨道：

“依恋之情出于天性，吾惟于爱妻，人见之也。”

由此，宋美龄渐渐登上了历史的舞台，她的女性能量得以开始展现。

选择一个男人就是选择一种人生，婚姻对女人有着无可比拟的重塑功能……诸如此类的道理，宋美龄分外熟谙并一举选定，这在她后来精彩而丰富的一生中确证无误。她就是要自己做主，且这一程，浪漫还少吗？

那是1922年12月的一天，在孙中山上海莫里哀路的寓所里，宋子文举办了一场别开生面的社区基督教晚会。在晚会上，第一次见到宋美龄的蒋介石是甚觉惊艳而不得喘息的：眼前的女子娇小、娟秀、伶俐，气质雍容、华贵、时尚，她像万有引力将之锁定，磁场蔓延开来，令他不能自拔。爱慕之心，油然而生，风流将领当即对这位美国学成归来的新女性展开攻势。

迎步，上前，浅浅相谈间，蒋介石是喜笑颜开、意犹未尽，而宋美龄，则更显得淡然，自然的言语和眼神的交流中，她已感到他确实是个英雄人物，而且英俊潇洒。因此她当即给予青睐，假以辞色，几度用上海话和他接谈，并应其要求，告诉了家庭地址和电话号码。

爱情降临之时，即便是再有智慧的双方，也会和普通人一样：他们须经过心的撞动，取得家人的同意，突破世俗伦理的障碍，达成信仰的一致。

蒋介石该是早就想到了这其间的不易，但他毅然决定不惜一切代价娶她为妻。

虽然此时的他先后有过三次婚姻，即原配毛福梅、侧室姚冶诚、妾陈洁如，这些都不会成为生性风流的他的绊脚石；再说，在宋美龄光鲜夺目的外表背后，还隐藏了一个有财有势的大家庭，这更令他欲罢不能。于是，他以山洪暴发之势对宋美龄继续展开追求，而她的家庭更需要花费一番心思去说服。

孙中山是第一位委托人，他对蒋介石尚有好感与信任，但夫人宋庆龄予以坚决的拦挡，于是撮合之事告吹；接着，宋母倪桂珍以不信耶稣基督，且结过婚为由强烈反对，宋子文则认为蒋介石日后的成败犹在未定之中，不一定能为小妹带来幸福——大概，他和宋庆龄一样，内心深处实在看不上这位拿枪杆子的人。不过，孔夫人宋霭龄倒极为看好这门婚事，她力排众议，坚信蒋介石的前途不可限量。

这场争论的声音，响彻了五年之久，蒋介石与宋美龄的关系也面临决定性的转机。

1927年，蒋介石担任北伐军总司令，权势达于鼎盛后，自以为事业有成，便于5月初，拜访了位于西摩路的宋宅，再次与宋美龄相会。这一次，他底气十足地向宋美龄表达了自己的爱慕之情，而且正式向宋美龄求婚。

是郑重的请礼，是诚挚的心意，此后，他的情书不断，他的爱恋加剧……

终于，他的不懈追求有了结果。这年9月16日，由宋蔼龄出面，在西摩路宋宅举行中外记者招待会，正式向各界宣布两人已经定情，将喜结连理。28日，蒋介石自上海起程出访日本。在宋子文陪同下，他去有马温泉拜会了在此地休养的宋母，征求老人家对自己与宋美龄婚事的意见。倪桂珍已被女儿说服放弃了原先的成见，表示同意。蒋介石兴奋异常，回到下榻的旅社，情不自禁地对旅社老板娘说：

“成功了！婚约成功了！”

他们的结合是双方爱情的结晶，与社会上男欢女爱，从相恋到结婚的常态没有什么区别。宋美龄亦说：

“这桩婚姻自始至终都是我自己做主，与阿姐何干？至于蒋介石和我结婚是为了走英美路线，那更是天大的笑话。”

在一桩声音颇杂的婚姻里，既有你情我愿的互动，也有各自所属阵营的认可和推动，并非什么可耻之况，倒更具备双重保险。感情的安全性，一有自我的把持、丈量，二有家人的信赖、见证。

而这加诸美国好莱坞电影的永恒主题——英雄和美人之上，恰恰显尽了宋美龄的光芒：她重视自己选择，不为父母之命的传统所束缚，敢爱、敢表白；她完成了平凡少女的英雄之恋，也树立了熟女当道的风向标。

让我把你改造得更好

1927年9月28、29、30日，上海《申报》连续三天刊登了题为“蒋中正启事”的单身声明：

“毛氏发妻，早经仳离；姚陈二妾，本无契约。”

王者之师向来名正言顺，宋美龄需要确立自己唯一的合法妻子地位。这一申明一出，实有昭告天下之势，再加上万人瞩目的婚礼，她便是不可撼动的蒋夫人了。

然而，她的规划实策，才刚刚开始。

有条不紊，慢慢疏疏，且看且赞。

婚后的蒋介石与宋美龄，在长达半个世纪中，相互促进、互补短长，走完了各自生命的旅程。在宋美龄的关爱、熏染下，蒋介石在一些方面发生了很大的变化。

首先，他皈依了基督教，从此终生不渝，再也没有改变过信仰。

1930年，蒋介石兑现了他求婚时的诺言，接受洗礼成了一个虔诚的基督徒。夫妇俩每逢礼拜六，都要到教堂做礼拜。在日记里，蒋介石经常把人生和家庭的喜乐，都归结为上帝的恩赐。

庞大家族的吸附力，对于信仰问题的重视，必定是首要的。宋美龄当然是宋氏之门的执行者，因为同心才能同道携行。

而他在日记中曾不止一次倾吐对她的款款深情：

“三妹爱余之切，无微不至，彼之为余牺牲幸福，亦诚不少，而余不能以智慧、德业自勉，是诚愧为丈夫矣！”

“三妹待我之笃，而我不能改变凶暴之习，任性发露，使其难堪。”

字里行间的体谅、支持、疼惜，毫无传统的大男子主义，充满了爱与平等的罗曼蒂克。

显然，在硬性问题之余，已延伸至具体的品性方面，这就是宋美龄的第二步方略。

他一改以往生活放浪、行为失控的劣性，在男女关系方面，堪称蒋氏集团中无可指摘的典范。

曾经是混迹十里洋场的时代，花天酒地，见色起意，沉迷至久，在惊艳宋美龄的当儿，竟一直在自己的色欲与希图克邪之间，做自我搏斗。而蒋宋联姻之后，他在妻子的柔情体贴下真正改邪归正。在与她相濡以沫的漫长岁月里，他的私生活没有绯闻，比之那些手握重权的新旧军阀，实在值得称赞。

这里，不得不肯定宋美龄的魄力。

再次，蒋介石自婚后在饮食起居方面也变得奢靡有度，自奉甚廉。

据一位老同盟会会员张国淦回忆，他同袁世凯吃饭是“饱欲死”：袁世凯请客大方，鱼肉满桌，且常往客人碗里夹菜，几欲使人肚皮胀破。而同蒋介石吃饭是“饥欲死”：桌上只有稀稀拉拉几个小盘子，一个人都吃得完，他却万分客气地请你“吃吧，吃吧，别客气”，而他自己又不动筷子，别人怎么好意思下筷吃呢？——“所以赴他家的家宴是活受罪！”

这种说法当属可信。友人曾参观过蒋氏夫妇奉化老家的卧房，室内家具布置得极为平常，当问及管理人员时，得到是按原貌布置的肯定答复。

不管是蒋夫人的“严词喝令”还是蒋先生的“言听计从”，外人看来皆是一种不可多得的美好与和谐。而这，在二人休戚与共的生活中更见常态。

宋美龄是个标准的电影迷。每天晚饭过后，休息一会儿，大概到八点左右，夫妇二人先后就定位坐好了，专职的袁师傅向蒋介石请示之后，一声令下，就开始放电影。放映电影的时候，士林官邸不论官阶大小，都可以自由欣赏，并且二人的随从人员因为任务关系，当然更要陪在一旁一起看。

宋美龄是一定从头看到尾，蒋介石则是以自己的作息为量。他习惯在晚上十点前就寝，而且就寝之前，还要做些晚祷什么的，所以，蒋介石看电影通常只看四十分钟左右，最多不会超过一个小时，因而，每次他看看时间快要九点了，便高声叫道：“好！停！”这时，袁师傅就要暂时关掉电影放映机，随从人员立刻打开电灯，蒋介石便会对宋美龄说：

“我不看了！”

“你不看了呀！很好看嘛，好，那我们继续看！晚安！”

宋美龄知道他要上楼睡觉了，就对蒋介石边说边摆摆手。蒋介石一起立，所有工作人员也都站了起来，目送蒋介石离去，这时蒋介石身边所有的服务人员也要跟着他上楼，服侍他就寝。等蒋介石和一班人马上楼，宋美龄就叫袁师傅：

“好！可以再开始了！”

电影便又继续放映。多年以来，这已经成为官邸的传统，蒋介石从来没有完整看过一部电影，他的有些随从人员也经常自我调侃，进官邸以来，从来没看过一部完整电影哩！

最后，蒋介石在军政举措中，也由以往独断张扬逐渐变为可以听取不同的意见。

横行无忌，为所欲为，是蒋介石素来的处事方式。婚后，蒋介石力图修饰以往军阀专权的形象，1933年，他听取宋美龄的意见，搞了一场所谓“新生活运动”，以“亲民”的姿态出现。另一个重要举措，就是听取胡适等人的意见，自1935年起，将一批银行家、报人和学者如张家璈、翁文灏、吴鼎昌、蒋廷黻等人延纳进政府，授以高职，力图打造“文官政府”的形象。

可以说，蒋介石的这些变化，除了政治需要外，与宋美龄的关爱、熏染不无关系。

她不仅在生活上对他倾心照顾，而且在公开场合，以其端庄凝重、体贴入微，给他扎足了“台型”，塑造了一对贤伉俪的公关形象。所以抗战初期，《申报》对她有“相夫贤德”的评语。即使是当初反对蒋宋结合的宋庆龄，在1940年时也说过：

“他们一开始并无爱情可言，不过我想他们现在已有了爱情，美龄真心诚意爱他，蒋也真心诚意爱她。如果没有美龄，蒋介石会变得更糟。”

可以说，蒋介石的成熟和作为抗日领袖的品性，是在与宋美龄结合之后。就此而言，蒋介石离不开宋美龄。

她的宣言一直都是：让我把你改造得更好。谁说，这不是爱呢？

宋美龄作为“第一夫人”，果然是蒋介石事业的得力助手，她要与之结成牢固的夫妻档，让自己有一个施展个人才华的平台，至于是为丈夫还是为国家，她都乐意。

“中原大战”爆发后“中央政府”缺钱，蒋介石找时任财政部长的宋子文筹钱被拒绝，她便亲自游说。

来到哥哥面前，她把房产和珠宝拿出来做抵押，斩钉截铁地说，如果蒋介石殉难，她也将一同赴死。

她的举动震撼了一向注重亲情的家人，宋子文很快转变态度积极筹钱。

接下来，“西安事变”发生了。她冒着生命危险，化解了蒋介石的危机，间接促进国共第二次合作，以及确保了张学良的生命。

当蒋介石被扣押后，国民党一片混乱。以亲日闻名的何应钦联合戴季陶等，竟主张讨伐，空袭西安，并电促汪精卫自德回国；以宋美龄、宋子文、孔祥熙为代表的亲英美派，力主用和平方法解决，营救蒋介石。

鉴于何应钦当时任军政部长，怕他遽然下令轰炸西安，宋美龄亲自出面，以“第一夫人”身份召开黄埔系军官和空军人员会议，指令他们拒绝何应钦可能下达的命令，并请蒋介石的顾问端纳先赶赴西安，居中调停。

1936年12月14日，端纳与被押的蒋介石见面，递交了宋美龄的亲笔信，告之“南京方面是戏中有戏”。蒋介石见宋美龄信后，立即以手令命何应钦停止军事行动。22日，宋美龄、宋子文兄妹飞抵西安，代表蒋介石与张学良、杨虎城以及中共代表周恩来谈判。24日达成六项协议，其中包括改组国民党和国民政府，驱逐亲日派，容纳爱国人士；停止剿共政策，联合红军抗日；召集救国会议，决定抗日救亡方针等。西安事变妥善解决，中共态度的转变和对张、杨的劝说，固然起了决定作用，但宋美龄为营救丈夫所表现的深明大义，也是间接因素。

登上"美龄号"专机前，她把手枪交给端纳，说："如果有人对我有什么不礼貌的行动，你可以立刻把我枪杀掉。"

她用梅干菜盒子装着他爱吃的食物出现在他面前时，他泪如雨下，说："你怎么来了？如入虎穴矣！"

反而是她，冷静地安慰他。

夫妻间的救助，只那么至关重要的一次，便足以奠定一生的情分。

宋美龄从三十岁随蒋介石步入中国的权力中心，在蒋氏执政中国的二十二年中，以其特殊的交际才干、身体力行的风格，不仅参与社会运动宣布演说，而且深入到基层，深入到战争前线，即便有作秀的痕迹，但仍开启了一个极其鲜明的现代女性的参政模式。

美国前总统尼克松与蒋氏夫妇的友好关系一直保持到1972年，这位曾与蒋氏夫妇有过多次近距离接触的总统在自己的回忆录里写道：

"蒋夫人的作用远远不止是丈夫的翻译。人们往往低估领导者妻子的历史作用和个人作用，因为她们的名望完全得自于她们的婚姻。这种观点不仅忽视了领导者的妻子们经常发挥的幕后作用，而且低估了她们经常具有的品质和个性。我认为蒋夫人凭她的智慧、口才和精神力量，也足以成为一个重要的领导人。"

人们对半个世纪前"第一家庭"的评价，总是截然相反：有人认为他们只是权与钱的结合，有人却认为他们有着真正的爱情。但无论敌友，都承认在他们长达半个世纪的婚姻中，他们彼此的结合都改变了对方，甚至影响着整个中国。

晚年的宋美龄定居美国纽约，无论是夜生活还是吃喝打扮，她都还是那个非常洋化、非常享受的贵夫人。

依然保持着与年龄不相称的美丽容颜，依然穿着最爱的摇曳多姿的旗袍，依然保持着在上海十里洋场养成的夜生活的习惯，在闲暇的时候以绘画作为自己修心养性的消遣。日子在她的掌控之中过得可谓滴水不漏，美妙而让人称羡。

1996年，适逢宋美龄九十九岁华诞，她欣然接受了记者采访，对于自己的生死去向给出了一个相当通透的说法：

“上帝让我活着，我不敢轻易去死；上帝让我去死，我决不苟且地活着。”

此时，走过了年华的丰盈与沉淀，见证了时代的变迁与发展，她，终飞越了沧桑，把一切尘缘世事看了个透。

2003年，这位跨越了三个世纪的老人，于纽约的老房子里驾鹤西归，终年一百零五岁。同时，她也将一部厚厚的传奇故事画上了一个完整的句号。

【致最好的你】

谁说女人只能有温婉娇柔抑或凌厉强势的一面？真正的女王，向来是多面手一样的征服者，亦柔亦刚，底气十足。

无关心机，无关手段，无关一切刻意而为，却反而从来就善于利益的甄选、全局的把控、元素的调动，同时还不忘实现感情的梦想，缔造一个牢固的生命根基。

接下来，是对男人的经营：一等的女主人呼风唤雨的背后必是润物细无声的感化，而后便是修枝剪叶的轻巧工程——改造计划由此落成。

当然，遇到真正爱你的人，从来无须前期考察、铺路，也不必处心积虑地改变他，一切就变得容易多了。他就是那个送上门来的礼物。

两相默契，从此志同道合。

曲终人不散

张允和
Zhang yun he

来自近代教育家与昆曲研究家结合的家庭，她必然颇具涵养，且性情丰富而独特。长于历史学专业，精于昆曲研究，受于丈夫周有光语言文字的熏陶，晚年又致力于写作，她的生命俨然加足了教养的分量。

叶圣陶曾说：九如巷张家的四个才女，谁娶了她们都会幸福一辈子。这四个才貌双全的女子便是张元和、张允和、张兆和、张充和。

在苏州园林中长大的闺秀，经历着从传统到现代的历史蜕变，诗情画意的生活与错综复杂的命运不亚于宋氏三姐妹。二姐张允和是四姐妹中最灵秀、最风趣的一位，被称为最后的闺秀。

父母恩宠、伉俪情深、姐妹情谊、儿孙之福、昆曲之爱……她的人生，仅这几短句，就已成篇，阅来满是暖暖的和谐与爱意。而其实她本人就是一部——由特殊时代、特殊环境、特殊经历、优秀的先天基因和后天造化而成的完美作品。

适逢中西交融、自由云涌的20世纪之初，她注定深谙东方传统，又善尚西方风雅。

来自近代教育家与昆曲研究家结合的家庭，她必然颇具涵养，且性情丰富而独特。

长于历史学专业，精于昆曲研究，受于丈夫周有光语言文字的熏陶，晚年又致力于写作，她的生命俨然加足了教养的分量。

…………

世人总爱将她唤作“白发才女”，她却自称标准的“家庭妇女”。

“感谢老天爷。虽然没有给我一个健康的身体，却给我一个胡思乱想的小脑子。解开了绕脖三圈脐带，让我自由呼吸。可是我的心脏只有一条线，是医生给我这条命。经过了风风雨雨、欢欢爱爱的似水流年。居然活过九十个春秋，活得逍遥自在，充实、愉快！喜欢故作聪明，自我解嘲。写点芝麻、绿豆的杂文、歪诗，不登大雅之堂。这样就是人生，人生就是这样。”

在喧嚣的现代都市，她的生活意境远远高于车海人流，雅于庭院深深，让人沉静，在沉静中慢慢体味，心弛神往。

闺秀之门

名门望族、侯门深院，大概都是相对于寻常人家而林立四起的。那宅落背后是巨贾的财势，是豪华的排场，却大抵为人所厌听了。但若要是书香世家，还培养出了才女后代，便会拉回一些注目，而一出“合肥四姐妹”，就要名气大噪了，不光在中国，在外国都有很大影响。

更值得听闻的是，四夫婿——顾传玠、周有光、沈从文和傅汉思，比这四闺秀还有名！

张元和大龄下嫁昆曲名家顾传玠轰动一时；

张允和与语言学家周有光结成伉俪之时，算命先生却说“这两个人都活不到三十五岁”；

作家沈从文的爱情惊动了胡适，这个“乡下人”终于“喝了杯甜酒”，娶了心仪已久的张兆和，而二姐著名的一字电报“允”可说精妙，锦上添花；

张充和与德裔美籍汉学家发展了一段异国恋情……

人杰地灵已不足揣度，家族血脉已不够解释，且看，那一条历史的古道，那一扇张氏之门。

作为一个大家，它开始于张允和的曾祖父张树声。张树声是跟随李鸿章打仗的，张家与李家相并列。

时年，李鸿章因母亲去世，清朝政府允许他回家守孝三个月，李鸿章回乡丁忧的时候，其职务就是由张树声代理的。张树声的官做得很大，任过直隶总督、两广总督、两江总督，所以下一代人也做了高官。

到第三代张允和的父亲张武龄，生于清朝末年，受了新思想的影响。他知道家里有钱、有地位，但总这样下去不行，就决定离开安徽，到苏州兴办新式教育。

一切儿女们的梦，即从此时开始孕育了。

1921年，张武龄在苏州创办乐益女子学校，很成功。他跟蔡元培、蒋梦麟等当时许多有名的教育家结成朋友，得益于朋友们，他把学校办得很好。别人办学校需到处想办法找捐款，他恰恰相反，有捐款也不要。当时有一个笑话，他的本家嘲笑他：

“这个人笨得要死，钱不花在自己的儿女身上，花在别人的儿女身上。”

其实，他在当时比较先进、开明，他的财产专门用来办教育，他主张自己的钱只给儿女教育。

哦，原来是校长之后，当然在教养上先沾了优惠。

张允和兄弟姐妹一共十个，四个女孩——“张家四姐妹”受到当时比较好的教育。不仅是新的大学教育，传统国学的基础也非常深厚。

她们同为上海中国公学的第一批预科女学生，名及国内外，并且得源于这样优秀的家学根须和姐妹的光芒相照，她们像阳光下的植物一样，向上而生，趋阳取暖。

张元和成了著名昆曲度曲家，专工清唱；

张兆和做了现代女作家，和沈从文一起下笔耕耘；

张允和精于丹青，擅长摄影，写曲填词，亦能工诗，与俞平伯创立北京昆曲研习社，编辑《社讯》并演出昆曲剧目；

最小的张充和，在美国哈佛、耶鲁等二十多所大学执教，传授艺术、书法及中国戏曲史……

四姐妹个个兰心蕙质、才华横溢，而兄弟们也多是出自北大、清华的学者、艺术家。

一树一树的花开，一枝一枝的果成。当她们从闺秀之门步入家庭的殿堂，亦别有一番不同寻常的生活况味。

她们不会养尊处优，但也不擅长家务；不艳羡荣华富贵，却也无衣食之忧。偶尔能显示的厨艺，一定是与家事渊源有关的私家菜，一钵汤一碟菜中可以体味追怀的是早年娘家的生活和校园中的花样年华。

她们是一个特殊的群体，有别于一般的职业妇女，也有别于普通的家庭妇女，更不同于现在人们常说的全职太太。

她们有安稳的家庭生活，追求丰富高雅的精神享受，但与名利无关。她们不矫情也不骄奢，生活得很安详自我。丈夫对她们的尊重、体贴不完全取决于容貌，有举案齐眉的传统礼教，也有相敬如宾的现代文明。

但旧日生活熏陶和传承给她们的印记无处不在。

张允和就是个得先天优良基因和后天丰沛滋养的极秀美的人儿，再配上合体的丝绵紫袄，或夏天的清爽大襟小褂，罗衫玉人，珠联璧合，斯是陋室，却还像是在云端里。

偏又生得快言巧语，性格伶俐爽快，过往和现实生活中遇到的种种，从不见她哀声怨气，写酒令，制曲谜，在精神生活上总有一种"人上人"的境界。

日常的萝卜、豆芽，她也会做出花一样的菜，那剔透的绿豆芽，经她一根根地掐头去尾，数出一百七十八根，清油淡炒，来客们吃起来油盐中都透出了所谓的闺秀滋味，这种日常的简朴的精致，点点滴滴流露着几代人才能积淀孕育出的教养、品位。

本来没有她

张允和说，是人们救活了她。

1909年7月25日，在安徽合肥龙门巷的张家大院里，夏天的早晨，不到三点钟，旧时称为丑时，一个女娃娃离了娘胎，早产，脐带绕脖三周，不满四斤重，差点就被当成死孩子扔掉。

人家都是哇哇地生下来的，而她是默默无声地落草的：一个没有生命的小东西？

倒拎起来打了几十下屁股，不哭；热水冷水交替着浇背和胸，不哭；最新式的人工呼吸也用上了，不哭；先后采用了十几种办法，就是不哭。从不到凌晨三点抢救到上午十点，所有人都认为无济于事了。

有人说，这个孩子不会活了……可老祖母不同意。

她坐在那张紫檀嵌螺钿的老式圈椅上，像一尊大佛。她既是命令，也是哀求那些七手八脚的女人：

“再想想，还有什么好办法没有。”

一个喜欢抽水烟的圆圆脸、胖乎乎的女人说：“让我抽几袋水烟试试看。”大家心里都嘀咕：方法都使尽了，你又有什么神通，从来也没有听说过喷烟会喷活了婴儿。但是谁也不敢反对。

于是这个女人忙着找水烟袋，那个女人忙着搓纸芯，一大包上等皮丝烟已经端整好了。胖女人忙着点起烟来。

一袋又一袋的烟，喷到婴儿的脸上。然而产房里，除了抽水烟的声音，竟是什么也没有的。

时间过得真快，也真慢。一个钟头，又一个钟头过去了。时钟响亮地敲了十二点。

收生婆捧着婴儿，手酸得抬不起来。她把婴儿放到她扎花布的围裙里，深深地喘了一口气。为了解除疲劳，她默默地算着喷烟的次数，是整整一百袋烟了。她无可奈何地对老祖母说：“老太太，已经一百袋烟了。老太太，您去歇歇吧。”她说着说着，把围裙里的婴儿不经心地抖落到脚盆里去了。那婴儿滚到盆里，三百六十度的大翻身。她的小尖鼻子掀了掀，小嘴动了动，是受了很大的震动，可是谁也没有注意。

老太太眼里满是泪水，伤心地说：“再喷她八袋烟，我就去休息。”老太太手里平常总是拿着一串佛珠，珠子有一百零八颗，她相信一百零八才是功德圆满。

就在她老人家泪眼模糊地向烟雾中的孙女告别时，发现脚盆里婴儿的手脚居然在动，鼻子和嘴唇也似乎想表达什么。这一下老祖母又惊又喜，站立不稳，身子几乎倒下来，布满了红丝的眼睛闪烁着生命的光耀。她忙叫着：

“活了，活了，你们看！”

大家拥向脚盆边。果然，婴儿十分轻微的啼声都能听见了。

天空闪烁着电闪，照得产房里通亮。天空中霹雳响的雷声像炸弹一样爆炸开来。人们所希望的大雨，马上就要来临。可是产房里的人们没有看见明亮的电光，看到的是，一个小生命更大的光亮。她们的耳朵也对雷声没有感觉。这小小婴儿十分轻微的哭声，不，是笑声，淹没了外面巨大的雷声。

真是奇怪！一个平凡的女人，就这样不平凡地诞生了。

张允和是张家二姐，后来“二姐”就成了全世界爱她的人对之最亲切的称呼。

而她确实不一样。

姐妹同样学昆曲，别人都喜欢杜丽娘，张允和却爱红脸关公，因为关公讲义气。

1928年，她就读上海吴淞的中国公学一年级，写了一篇被老师评为“能作豪语，殊不多觏”的名为《落花时节》的作文。

后来在光华大学，她是风云一时的美女学霸，参加田汉的南国社，演《苏州夜话》《卡门》；第一年就被选为学生会主席，还成了杂志的封面女郎。

经历过弱小生命的生死拉扯，她的性格中果然多了侠肝义胆，雷厉风行。

试想，若不是十六岁开始遇到了温和的周有光，携手共度近七十载风雨，她的锋芒会不会更锐利一点？

流水般的恋爱

张允和在1988年写过一篇纯美的文字，叫《温柔的防浪石堤》，记录的是1928年秋天一个星期天的黄昏：

“有两个人，不！有两颗心从吴淞中国公学大铁门走出来。一个不算高大的男的和一个纤小的女的。”

虽然他们的距离约有一尺，但这算不算他们的第一次约会呢？

他们走在石堤上，凭海临风，有风吹动，有云飘浮。他从口袋里掏出一本蓝皮小书，是英文版的《罗密欧与朱丽叶》，书里夹着个小书签，是两个恋人相见的那一幕，大意是“我愿在这一吻中洗尽了罪恶”！

海涛拍打着石堤，江水滔滔东去，两个人静听着彼此的心跳。她坐在他的左边，他的右手抓着她的左手，他想换一只手，他想跟她面对面，但是她把脸扭向了更左边。

她虽然没有允许为他“洗净了罪恶”，可是当她的第一只手被他抓住的时候，她就把心交给了他。

从此以后，将是欢欢乐乐在一起，风风雨雨更要在一起。

张允和在家父办的乐益女子中学读书，与周有光的妹妹周俊人是同学。她常常去周家，这样他们就认识了。

放假时，两家的兄弟姐妹常常在一起玩。苏州最好玩的地方就是从阊门到虎丘，近的到虎丘，远的到东山，有很多路，还有河流，可以坐船，可以骑车，可以骑驴，骑驴到虎丘很好玩的，又没有危险。

这样子一步一步，没有冲击式的恋爱过程。

时光，在一群孩子间乘着自由开放的风气荡漾开来。

张允和二年级转入上海光华大学读书，而周有光已经在杭州民众教育学院教书。一次，周有光的姐姐到上海来玩，他借询问姐姐的情况给张允和写了第一封信。接到信之后，张允和感觉吓坏了，六神无主地拿给一位年龄大一点的同学看。在同学的鼓励下，他们从此开始通信。而通信也总要找一件恰当的事情，没有秘密，谁都可以看，就是当事人需要煞费苦心。暑假张允和回杭州，二人见面时感到了淡淡的羞涩。

1932年，上海"一·二八事变"，日军炮轰吴淞口，为了安全，张允和到杭州之江借读，真正开始了与周有光的恋爱季节。

春天，在杭州六和塔下，周有光第一次为张允和拍照，碧树掩映，绿草葱茏，张允和的映山红色旗袍显得格外醒目。上有天堂，下有苏杭，花前月下，良辰美景，才子佳人，情意绵绵。

重重叠叠山，曲曲弯弯路，叮叮咚咚泉，高高下下树。

有一次，在他们游杭州灵隐寺的上山途中，一个老和尚一直跟在后面，恋人走他也走，恋人停他也停，恋人的声音小了，他的距离也就近了，恋人坐在只能容两个人坐的树根上休息，他也侧身坐了下来。后来，老和尚终于忍不住凑过来指着高鼻子的张允和低声问道：

“这个外国人来中国几年了？”

“三年了。”

周有光笑着告诉他。老和尚的好奇心终于得到了满足：

“难怪中国话讲得这么好！”

这一对新式青年，身穿洋装，口吐洋文，可就是怎么也鼓不起勇气手挽手肩并肩。

年少的青涩与情动的搁浅，在来路回望时，尤显得美好。可她仍是天生急性的那一个，说话做事节奏都快。十个兄弟姐妹中，她第一个披上了婚纱。

“我很穷，恐怕不能给你幸福。”

“幸福是自己求得，女人要独立，女人不依靠男人，幸福要我们自己去创造。”

这一书信来往不久后，迎来了一个特别的日子——1933年4月30日。

两个相识相知相恋八年的青年人，决定要举行一场新式的婚礼。他们要邀请尽可能多的朋友，于是选了一个周末的日子，印了两百张喜帖。

最先送的是张家女眷中最年长的大姑奶奶，老人看了喜帖上的日子，吩咐拿了黄历来查，结果出了麻烦，这日子恰好是阴历的月末，是个“尽头日子”。喜帖只好作废重印，这回选的是远离尽头日子的星期六，大姑奶奶也点了头，两百张喜帖很快发了出去，可这回选中的是真正的尽头日子——阳历四月三十日。

家里的保姆不放心，又把两个人的生辰八字拿给算命先生看，算命先生一口咬定：“这两个人都活不到三十五岁。”

但张允和天生不信邪，她毫不动摇，坚决地表示：“我相信旧的走到尽头就会是新的开始。”

婚礼在上海举行，他们特意把桌椅布置成马蹄型，因为马走过的地方就有路，有水，有草，有人，有生命，有幸福……两百多位来宾带着最真诚的祝福与他们共度人生最幸福的时刻，四妹张充和演唱昆曲《佳期》，未来的大姐夫顾传玠吹笛伴奏。

留下吃饭的客人刚好是一百位，算上新郎新娘，两元一客的西餐，总共一百零二客。

自此，同担风雨，共赴幸福。他们并肩走过了将近七十年的人生之路。

张允和是个勇于承担的人，她曾说：“命运为了锻炼我，把最难的题都留给了我一个人。”是的，人们辛苦创造出来的幸福，常常抵不过时代带来的不幸。

1937年，周有光在国外留学，张允和独自一人带着婆婆和一对儿女逃难到重庆。断水断食，她在黑漆漆的夜色中走遍全城去找一口吃的，路边满是穿肠破肚的死人，腥臭的血肉沾满了张允和的罗绮。

千金小姐不是盖世英雄，无法力挽时代的狂澜起死回生，但她尽最大努力把死亡的恐怖挡在老人和孩子的世界之外。她只讲自己的幸运，话说得像一首小诗：

“炸七星岗的时候我在上清寺，炸上清寺的时候我在枣子岚垭。”

女儿晓禾六岁时因阑尾炎无药可医而死，张允和一夜间眼泪哭干，此后再也不在家人面前提起这件伤心事；特殊时期，她失业了，干脆转投昆曲社，兴致勃勃重拾旧好，不跟别人抢着演才子佳人，演书童丫鬟照样开开心心；遭遇了围攻，别人骂也好打也好，她只当是在看昆曲中的群丑表演。

等到周有光成为语言大师，成为汉语拼音的创始人之一，生活稳定下来时，张允和已经八十余岁。她每天跟丈夫依然娇娇闹闹，遇到矛盾轻跺两下脚，周有光不得不投降。夫妻两人每天上午一道茶、下午一道咖啡，喝时把杯子高举碰一下，举“杯”齐眉，几十年如一日，似乎那些惨痛的过去，从没在她心中留下阴霾的伤疤。

有钱有闲有青春，谁都可以做公主。难的是天塌下来风度不变，走出死人堆依然胸怀诗情画意。

早在1959年，张允和因为严重的心脏病而被两位权威的医生“判处死刑”，认为她随时都会死掉。

可张允和命硬，几十年过去了，她还顽强地活着，而且活得有滋有味，做了许许多多事情，那两位误诊的医生却早已去世了。

一切都会过去的。这是张允和的座右铭。

她所以没有被生活大石压倒，照她的话说：“我往往在生活的危险关头，想到一些有趣的事。”

这一举重若轻的心态，与周有光如出一辙。

张允和在一篇《小丑》文章中有这样的记载——

有一次，两个年轻红卫兵气势汹汹闯进她家，要她“交代”问题，揭发他人，他们给她五分钟的时间考虑。

在那五分钟里，她从两个小伙子想到了白脸赵子龙、黑脸猛张飞，又由这两个角色想到了唱戏，想到自己曾在戏里演过的小丑。

“如果再给我五分钟，我就可以写一篇《论小丑》的文章了。”张允和说。

所谓人生不如意十之八九，张允和遇着不如意事，从不唉声叹气，反而懂得苦中作乐，雨过天晴后，她仍常常自娱自乐时爱写些酒令、制些曲谜。

时间一晃而过，转眼之间，俊美的新婚夫妇已经变成了一对幸福的老寿星。

1998年，国际教育基金会评选中国百对恩爱夫妻，周有光、张允和成为入选者中年龄最大的一对。

多情人不老

2002年1月13日，周有光过了九十六岁生日；7月25日，张允和过了九十三岁生日。

结婚六十周年是钻石婚，七十年是白金婚。如果把恋爱也算进去，他们在一起已经相依相伴七十多个年头——几乎四分之三个世纪。

晚年的张允和挂在嘴角的一句话是：“多情人不老，多情到老人更好。”

她一生得体优雅，到老都保持着闺秀的端庄和新女性的活力。

她的发型很讲究，外观看起来精致又精神，旁人只大概推测其中的妙法：可能先是从侧面编了一条辫子，然后把长辫对折盘在头顶两耳之间，然后在一侧用小卡子固定，另一侧再别上两个簪子样的大黑卡子，油油地衬着一丝不乱的银发，有时候她还要在白发中间缠绕一些黑色的丝线。

这是一款她自己设计的发型，保持了二十多年，每天早起总要一丝不苟地进行梳理。

张允和的体态轻盈苗条，上身穿着白底蓝花的偏襟盘扣短袖衫，下身是一条利利索索的黑裤子。她天生丽质，而且打扮得十分得体，她爱穿盘扣的中式服装，也喜欢穿一身合体的旗袍，且偏爱绿色和紫色。如果周有光说哪件衣服不好看，她绝对不会再穿，因为“女为悦己者容”。

即使在家，如玉的腕上也还要戴上一块细皮表带的手表，时时处处透着精细。

她耳聪目明，不戴花镜把书中以五号小字印刷的得意之文《范用吃醋》流畅地念出来，一气呵成，无半点迟疑。

另外，张允和虽然体态纤瘦，但声音没有半点柔弱，应该用干脆洪亮来形容，而且语速偏快。她常常一口气讲上几个小时不停，健谈的周有光则几乎总是绅士地微笑。

山青月朗，日日相顾。

一对老情人，每年都清楚记得彼此的生日和属于二人的结婚纪念日，蛋糕是一定要有的，但礼物未必。

只有一次，是在张允和七十岁生日时，周有光送了她一套《汤显祖全集》，老太太心里甜滋滋的：

“他真是懂我的心思。”

大多时候，她是喜欢撒娇的，埋怨周有光不送她生日礼物，周有光自然不辩解。九十三岁寿辰之日，又遇此状。

这时，周有光把一粒维生素药片轻轻摆在张允和面前，张允和马上说：

“这就算是礼物了，维他命，他要维持我的生命。”

她始终是个快乐的老太太，在周有光面前，文雅的、容易满足的、娇闹的……哪一面都不失达观。

她自称五脏不全，心脏已病到无药可医的程度，胃也有病，胆切除了……她称周有光是五官不灵，眼睛不好，耳朵不好，鼻子也有毛病……张允和说：“我不能吹枕边风，隔壁邻居都听见了，他还什么都没听见。”

她还经常抱怨周有光眼中第一位的是文章，第二位才是老婆。时有到访者便不禁要问：

“周先生在您的眼中是第几位？”

“当然也是第二位。第一吗？第一位是司马迁。”

老太太直言快语地回答。她最佩服的原来是“究天人之际，通古今之变，成一家之言”发愤著书的两千多年前《史记》的作者。

白发和皱纹，将这位最后的闺秀打造得更加可爱，多情而温馨。

张允和持家有方，不仅烧一手好菜，而且为人处世精细有条理。周有光不会劳动，曾在妻子生病期间为招待客人煮饭烧坏了两个锅。

她自称给周有光管了七十年账，管他吃管他穿，但也不得不笑着承认丈夫养了她五十年，因为她1952年就失去了工作，专心从事昆曲的研究。

当有后辈称赞她是20世纪最美的女性时，她笑了，不假思索地说："Thank you very much！"周有光听到这话，也笑了，甜蜜而且略带神秘：

"她这人很聪明，但做了一件最傻的事——嫁给了我。"

张允和说她要告诉天下人，男人就是要怕老婆，怕老婆幸福，怕老婆长寿。

她说作为女人要做到"三不"：一是不要拿别人的错误惩罚自己，别人发脾气不要理，自己千万不要生气；二是不要拿自己的错误惩罚别人，女人由于生理周期导致心情烦躁，不要拿别人出气；三是不要拿自己的错误惩罚自己，比如自己失手打坏了什么东西，不要跟自己过意不去。

愈活愈智性，亦愈有乐趣。晚年的张允和，还饶有兴致地做起了家族事业。

《水》是早年张家姐弟办的家庭刊物——自家人写，自家人印，自家人看，成了中国独一无二的油印家庭文学刊物。从恋爱的时候起，周有光就为《水》义务打工。七十年过去了，《水》复刊，张允和主编，仍旧请周有光打工，他不仅教会了张允和汉语拼音并且使用电脑打字，还要随时被抓差解答疑难问题，进行格式处理等。

端持、幽默、潇洒、勇敢，在张允和身上集合得如此优美而有力。她满意一切，也从不留一点遗憾。

到2003年4月30日，就是这对和美夫妇结婚七十周年纪念日了。可是，张允和没有等到这一天。

生命的路很远，天堂的路却贴近。扶着她瘦小的身躯，陪她到天堂的门口，此岸的人向彼岸的人挥手。

这个人悄悄地远去了。

真的没有声响吗？

周有光在张允和遗著《浪花集》的出版后记中这样写道：

“突如其来的打击，使我一时透不过气来。后来我忽然想起一位哲学家说过，‘个体的死亡是群体发展的必要条件’，‘人如果都不死，人类就不能进化’。多么残酷的进化论！但是，我只有服从自然规律！原来，人生就是一朵浪花！”

他又在《百岁新稿》的自序里特别表示：“希望《百岁新稿》不是我最后一本书。”我们完全有理由相信。

她去了，她把多情带入另一个世界，她的美丽定格于天地之间，永远不会老。而在人间，他带着心中的神仙眷侣踏上下一个行程，坐看云起，沧桑后是一颗平静的心。

曲终人不散。

张家姊妹兄弟十个：女孩子的名字里都有“两条腿”（元和、允和、兆和、充和），是要走出家门的；男孩子的名字里都有一个“宝盖头”（宗和、寅和、定和、宇和、寰和、宁和），是要留在家里的。

如今，九如巷老家还住着九弟张寰和。

年过九旬的老人满头华发，交流虽然需要助听器，但记忆惊人，思路清晰。他继承父亲衣钵成为乐益女中校长，终身在苏州从事教育，又像父亲所隐隐希冀的那样，守着张家旧事，如流水般，润蕴着，动人心弦……

【致最好的你】

良久，大家闺秀已被个性女郎这样盛行的标准所替代，但其实个体的锋芒背后都要有足够丰厚的底子作衬才行。

时代的向前发展，信息的多元构成，日渐推着人做了单薄的追随者，于是，家教的滋养便显得尤为珍贵。

犹如流行音乐榜中的一支昆曲，现代派家具中的一扇屏风，喧嚣都市中的一座古镇，它让人耳目一新，实则却是事物最本原的样子。它保留的是一股积淀的力量，一份坚定的涵养，牵带的更是一种绵续的血脉，一个隆盛的家族。

不忘初心，方得始终。养优雅之韵，做现代闺秀！